molakana – Volkskunst der Cuna, Panama

VERÖFFENTLICHUNGEN
DES MUSEUMS FÜR VÖLKERKUNDE
BERLIN

NEUE FOLGE 37

ABTEILUNG AMERIKANISCHE NATURVÖLKER VI

STAATLICHE MUSEEN PREUSSISCHER KULTURBESITZ

Günther Hartmann

molakana

Volkskunst der Cuna
Panama

MUSEUM FÜR VÖLKERKUNDE BERLIN

Titelbild: Tanzende Mädchen (vgl. F 53)

Herausgegeben vom Museum für Völkerkunde Berlin · 1980

Satz und Druck: Felgentreff & Goebel KG, Berlin

Klischees: Schütte & Behling
Layout: Günther Hartmann
Fotos: Dietrich Graf (Fotoatelier des Museums für Völkerkunde)
Außenaufnahmen: Günther Hartmann
Zeichnungen: Brigitte Eggert
Printed in Germany
ISBN-Nummer: 3 88 609 001 9

INHALT

VORWORT

Einige der interessantesten indianischen Gruppen des sogenannten zirkum-karibischen Raumes im engeren Sinne leben noch heute im Bereich jener Landbrücke, die geographisch das Bindeglied zwischen dem nördlichen und südlichen Teil Amerikas darstellt. Es handelt sich dabei um indianische Völkerschaften, die nicht nur durch eine sehr bewegte geschichtliche Vergangenheit gekennzeichnet sind, sondern auch in ganz besonderem Maße dem Ansturm europäisch-afrikanischer Menschen ausgesetzt gewesen waren.

Unter ihnen sind die Cuna-Indianer zu nennen, eine jener wenigen letzten geschlossenen autochthonen Ethnien auf zirkum-karibischem Boden. Sie nehmen deshalb eine besondere Stellung innerhalb der indianischen Völkerschaften Amerikas ein, weil sie bis zum gegenwärtigen Zeitpunkt eine geschlossene Einheit mit eigener Sprache und weitgehend intaktem Stammesleben bilden.

Trotz der über lange Zeiten existierenden Kontakte mit der Welt der Weißen und trotz ihrer Offenheit gegenüber allen Techniken und Neuerungen einer europäisch-amerikanischen Zivilisation haben es die Cuna über Jahrhunderte vermocht, sich ihre Eigenständigkeit zu erhalten. Sie verfügen über eine bemerkenswerte Form der Aufnahme im geistig-politischen Bereich, die sie in die Lage setzt, erfahrene Werte auf ihre Brauchbarkeit hin zu prüfen und sie gegebenenfalls abgewandelt in den eigenen sozialen und kultisch-religiösen Bereich zu integrieren. Diese Fähigkeit, zusammen mit einem stark ausgebildeten Selbstbewußtsein, einer fast verwirrenden Form der Organisation des gesamten Lebens und einem bemerkenswerten Gemeinschaftssinn, prägen die Haltung der Cuna. Trotz kleinerer lokaler Unterschiede in der materiellen Kultur wie auch in gewissen sozialen Strukturen begreifen sie sich als ein Volk mit einer gemeinsamen Sprache. Sie fühlen sich nicht nur einer Gemeinschaft zugehörig, sondern auch für ihr Land verantwortlich, das ihnen im ersten Drittel dieses Jahrhunderts letztmalig und erfolglos streitig gemacht wurde.

Innerhalb der kunsthandwerklichen Tätigkeiten der Cuna-Frauen spielt seit vielen Jahrzehnten ein weibliches Kleidungsstück, und zwar die mit Appliqué gemusterte Bluse, eine entscheidende Rolle. Dieses Kleidungsstück, in der Einzahl „mola" und in der Mehrzahl „molakana" genannt, liefert den Titel für den vorliegenden Museumskatalog.

Wenn der Untertitel des Bandes „Volkskunst der Cuna" lautet, bedarf es dazu einiger Erläuterungen.

Unser europäischer Begriff „Volkskunst" trat erst in der zweiten Hälfte des 19. Jh. in das allgemeine Bewußtsein und erlangte durch die Hinwendung zur sogenannten Kunst der Primitiven am Anfang dieses Jh. eine Aufwertung. Der Begriff umfaßt insbesondere bäuerliche künstlerische Gestaltungen, die am Überlieferten festhalten, demzufolge als zeitlos empfunden werden und daher auch von dem raschen Wechsel der Stile in der akademischen Kunst kaum tangiert werden. Die Produkte der Volkskunst sind auf das engste mit volkstümlichem Brauch und Glauben und tradierten Werkformen verbunden.

Volkskunst war ein integraler Bestandteil bei sehr vielen ehemaligen Naturvölkern Amerikas. Dabei handelte es sich besonders um künstlerische Ausgestaltungen von Gerätschaften des täglichen Gebrauchs, um Kultgegenstände und Objekte, die speziellen Zwecken dienten. Die kunsthandwerklichen Erzeugnisse sprechen durch ihre Schlichtheit und Einfachheit an. Der Naturmensch wurde in hohem Maße durch Furcht und Hoffnung geprägt, Gefühle, die der eigenen Hilflosigkeit gegenüber der Umwelt und andererseits dem Glauben an helfende Mächte entsprangen. Er stellte in seinen handwerklichen Produkten sowohl die schützenden, oft anthropomorphen Kräfte, als auch die furchterweckenden, dämonischen Wesen dar. Wurden die dämonischen Wesen auf diese Art sichtbar gemacht, scheinen sie etwas von ihrer Unfaßbarkeit verloren zu haben. Das waren wohl Gründe, weshalb kunsthandwerkliche Traditionen bei Naturvölkern fast ausschließlich religiösen Charakter besaßen.

Es muß ausdrücklich darauf hingewiesen werden, daß es eine Kunst um der Kunst willen bei amerikanischen Naturvölkern nicht gab, daß der einzelne Gegenstand von den Herstellern keineswegs als künstlerisch empfunden wurde, sondern daß er selbstverständlicher Bestandteil einer Kultur war, die ihn umgab. Insoweit wäre eine Einzelbetrachtung fehl am Platze, denn sie würde den Gegenstand aus der Einbettung in den gesamten kulturellen Hintergrund herauslösen.

Die Herstellung der molakana ist eine wesentliche handwerkliche Tätigkeit der Cuna-Frauen Panamas und echte Volkskunst. Auf den molakana findet der aufmerksame Betrachter u. a. auch jene furchterweckenden Wesen wieder, die die Polarität jener Menschen in ihrem Denken, Fühlen und Handeln bestimmen.

Wie bei allen vorhergehenden Bänden soll der Zweck auch dieser Veröffentlichung darin bestehen, Wissenschaftlern und interessierten Laien Vergleichsmaterial zur Verfügung zu stellen und mit einem magazinierten Material bekanntzumachen, das leider in europäischen Museen wie in der Öffentlichkeit bisher recht stiefmütterlich behandelt wurde, ganz im Gegensatz zu amerikanischen Instituten, in denen die Bedeutung und anregende Funktion der molakana seit Jahren erkannt und auch für Ausstellungszwecke genutzt worden ist.

Der Verfasser hatte in den letzten Jahren mehrfach Gelegenheit, eine Reihe von Museen in den USA und in Kanada aufzusuchen, um u. a. die molakana-Bestände zu späteren vergleichenden Studien aufzunehmen*). Außerdem bot sich für den Verfasser im Sommer 1978 die Möglichkeit, mehr als ein Dutzend Dörfer der Cuna-Indianer zu besuchen, um u. a. die mola-Herstellung an Ort und Stelle zu studieren**). Die dabei ermittelten Fakten führten zu überraschenden Feststellungen hinsichtlich der Verbreitung von Ornamenten und Schmuckelementen, die in naher Zukunft an anderer Stelle publiziert werden sollen.

Die in diesem Katalogband veröffentlichten Bestände an molakana stellen den Hauptteil der im Museum für Völkerkunde Berlin befindlichen Kleidungsteile der Cuna-Indianer dar. Es ist davon abgesehen worden, gleichartige oder sehr ähnliche molakana mehrfach abzubilden, wie es auch aus praktischen Gründen notwendig erschien, einfachste und reine Touristen-molakana nur in einigen Objekten beispielhaft vorzustellen.

Die ältesten in Berlin vorhandenen molakana stammen aus dem Jahre 1928 und gehen auf einen Austausch mit dem schwedischen Freiherrn Erland von Nordenskiöld zurück, der sich in den ersten Dezennien dieses Jahrhunderts bei den Cuna-Indianern aufhielt und dem z. B. auch das Ethnographische Museum in Göteborg zahlreiche und wertvolle Sammlungen aus diesem Gebiet verdankt. Ein größerer Teil an molakana wurde Anfang der siebziger Jahre angeschafft; wesentliche Bestände konnte der Verfasser während seines Aufenthaltes in San Blas erwerben.

Die vorliegende Museumspublikation berücksichtigt nur molakana aus den küstennahen Gebieten im Bereich der Comarca de San Blas.

Allen Mitarbeitern des Museums für Völkerkunde Berlin, die am Zustandekommen dieses Bandes beteiligt waren, gilt mein Dank.

*) Dank der finanziellen Unterstützung der Fritz Thyssen Stiftung konnte ich in den Jahren 1976 und 1978 über 60 Museen aufsuchen, die sich auf 19 Bundesstaaten der USA und 3 Provinzen Kanadas verteilen.

**) Auch dieser Forschungsaufenthalt wurde mir durch die Fritz Thyssen Stiftung ermöglicht.

EINLEITUNG

Wenn man sich der karibischen Küste Panamas von See aus nähert, wird bereits von weitem ein Gebirgszug sichtbar, der sich etwa mit der Küste parallellaufend erstreckt und von dichten Regenwäldern bedeckt ist. Weit vor der Küste liegen gefächerte Korallenriffe und bilden einen Schutzmantel für die dem Festland vorgelagerten zahlreichen kleinen Koralleninseln. Weht auf diesen Inseln häufig eine leichte erfrischende Brise, so sind die eigentlichen Küstengebiete und das dahinter ansteigende wellige Waldland fast windstill, sehr heiß und drückend und mit dem süßlich-fauligen Geruch des tropischen Urwaldes angefüllt.

Während der Regen mindestens zeitweise auf den bewohnten Koralleninseln sehr kostbar ist, so daß erst durch mühsame Einbaum-Fahrten Süßwasser aus entfernt fließenden Bächen oder Flüssen des Festlandes herangeschafft werden muß, sind die Küstengebiete relativ häufig durch Gewitterwolken und Regenfahnen gekennzeichnet, und die Berghänge versinken in Nebel und Dunst.

Neben gewaltigen Mangroven-Gebieten an der Küste, die häufig seichten Buchten und Sümpfen vorgelagert sind, erscheint zunächst als dominierende Pflanzenart die Kokospalme, die in großer Zahl das Pflanzenbild der Küste zu prägen scheint.

Von den etwa 400 Atollen, die sich auf eine Entfernung von ca. 300 km entlang der karibischen Küste und in einem Abstand von wenigen Kilometern vom Küstenstreifen entfernt erstrecken, sind z. Z. etwa 50 Inseln sehr unterschiedlicher Größe bewohnt. Die Konzentration auf diese 50 Inseln ist eine Entwicklung der letzten Jahrzehnte und scheint trotz teilweise erheblicher Raumnot aufrechterhalten und nicht durch Besiedlung neuer vorhandener Inseln gelöst zu werden. Der Grund liegt möglicherweise in der gesellschaftlichen Struktur der Siedler begründet. Die Inselbevölkerungen schwanken – wie später noch beispielhaft ausführlicher dargestellt werden soll – zwischen zehn und viertausend Individuen. Diese Küstengebiete gehören zu einer Landschaft, die seit vielen Jahrhunderten unter dem Namen Darien bekannt ist.

Der Name Darien tauchte im 16. Jahrhundert auf, und es heißt darüber in einer 1628 in Basel erschienenen „Cosmographia“ von Sebastian Münster:

„Dieselbige gantze Provintz wirdt Dariene genennt/von dem großen Fluß Dariene: Hatt ein Morassigen Boden/böß Wasser und groben Lufft/und ist derowegen gantz ungesund/das Wasser ist so murrechtig/daß wann es nur auff den Boden gespritzet wirdt/so zeuget es Würm unnd Freschen. Es werden in diser Provintz viel Crocodilen gefunden/deren etliche 25 Schuh lang sind. Item Ochsen ohne Hörner/Schwein ohne Schweiff/scheutzliche Katzen mit langen schwäntzen: Item Löwen/Leoparden und Tigerthier. Es ligen auff die 20 Rivienen umb diese Provintz/welche alle Gold führen.“

Die Bezeichnung Darien wird heute einmal benutzt zur Kennzeichnung einer Landschaft im östlichen Teil Panamas, zum anderen wird darunter eine Provinz des östlichen Panama verstanden.

Die Landschaft Darien umfaßt Gebiete mit niedrigen Gebirgszügen und ausgedehnten Tiefländern, besitzt dank des tropischen, sehr feuchten Klimas weitgehend immergrüne tropische Berg- und Regenwälder und ist fast unerschlossen. Aus dem 17. Jahrhundert wird über bedeutende Goldfunde berichtet; heute existiert nur noch primitive Goldwäscherei an einigen Flüssen.

Die Provinz Darien schließt allein den südlichen Teil der Landschaft gleichen Namens ein und erstreckt sich über 16 803 qkm. In ihrem Gebiet leben z. Z. 25 000 Menschen, von denen sich der weitaus größere Teil in der Provinzhauptstadt La Palma und ihrer Umgebung aufhält.

Die Landschaft Darien umfaßt heute wie zur Zeit der ersten Entdeckung durch den spanischen Abenteurer Balboa im Jahre 1513 ein etwa 600 km langes und 70 km tiefes Urwaldgebiet, das sich seit Jahrhunderten jeder intensiven Durchdringung von seiten weißer Eroberer erfolgreich widersetzte.

Nicht nur der allgemeine Straßenbau hat seit jeher hier seine Grenze, auch die interkontinentale amerikanische Straße, der von Alaska bis Feuerland reichende Panamerikanische Highway, ist bis heute an dieser Stelle unterbrochen und beginnt erst wieder jenseits des grünen Bollwerks auf kolumbianischem Boden.

Die einzigen dünnen Verkehrsadern dieses Gebietes sind nach wie vor die wenigen Flüsse, Urwaldpfade und – sofern einfachste Urwaldpisten zur Verfügung stehen – ein Flugverkehr mit ein- und zweimotorigen Kleinmaschinen. Ein gewisser Nachteil der Flüsse an der Nordküste ist ihr kurzer Lauf, während die in den Pazifik mündenden so stark gewunden und vom Urwald überwachsen sind, daß sie praktisch selbst in der kurzen Trockenzeit von Januar bis März kaum als empfehlenswerte Verbindungen erscheinen.

Die Bewohner dieses Gebietes sind seit Jahrhunderten im Bereich der karibischen Küste die Cuna-Indianer und im pazifischen Bereich die Chocos.

Die geographisch-historische Entwicklung der karibischen Gebiete unter besonderer Berücksichtigung von Darien zeigt der folgende Rückblick.

Im Jahre 1501 erreichten zwei Schiffe unter dem Befehl von Rodrigo Bastidas aus dem spanischen Sevilla jene Bucht im westlichen Küstengebiet von Darien, die später als Nombre de Dios bezeichnet wurde. Ein Jahr später ankerte Christoph Kolumbus auf seiner vierten und letzten Reise in der gleichen Bucht, gab diesem Landstreifen den Namen Punta San Blas im Hinblick auf den Heiligen Blasius, bevor er die Küste Dariens in östlicher Richtung weiter entlang segelte, in der Annahme, Kuba gehöre zu China, dies sei ein westlicher Ausweg, und er befände sich im Osten des malayischen Archipels.

Erst Ende 1509 erreichten mehrere spanische Schiffe den Golf von Darien, eine Meeresbucht, die sich an der östlichen Grenze unseres zu behandelnden Gebietes erstreckt und heute in das kolumbianische Staatsgebiet hineinragt. Es handelte sich um die Reste zweier spanischer Expeditionen an die südamerikanische Nordküste und in das Gebiet des heutigen Veragua. Der spanische Abenteurer Vasco Nuñez de Balboa, Teilnehmer der vierten Reise des Kolumbus, eroberte mit den Überresten der Mannschaften beider Expeditionen an der Westküste des Golfes von Darien ein Indiodorf, und damit begann die eigentliche spanische Eroberung dieses Teiles von Amerika. Der Ort erhielt den Namen Santa Maria de la Antigua. Es wurde die erste spanische Niederlassung dieses Gebietes.

Nach Festigung seiner Macht begann Balboa nach und nach weitere Indianerdörfer in der Nähe von Santa Maria zu überfallen. Zwei Spanier, die einige Zeit bei weiter westlich siedelnden Indianern gelebt und deren Sprache erlernt hatten, dienten Balboa in der Folgezeit als Dolmetscher. Entscheidende Hilfen erhielt Balboa jedoch durch die Heirat mit einem Indianer-Mädchen und dem daraus folgenden Bündnis mit dem Dorfkaziken Careta. In der Folgezeit unterstützten die Spanier das indianische Dorf bei Stammesfehden, während andererseits die Spanier von den Indianern ständig mit notwendigen Lebensmitteln versorgt wurden. Etwas westlich der Siedlung Careta befand sich das Dorf des Häuptlings Comagre. Es beherbergte besonders große Wohngebäude, und die Bewohner besaßen goldene Masken und zahlreichen Goldschmuck, der die Spanier in besonderem Maße beeindruckte. Die Gier nach Gold war eine der wichtigsten Triebfedern ihrer Unternehmungen, und so versuchten sie alles, um über die Herkunft des Goldes Näheres zu erfahren.

Die Überquerung der Landenge durch Balboa 1513 hatte drei wesentliche Folgen: der Beweis des Zusammenhanges von Mittel- und Südamerika war erbracht worden, das sagenhafte Südmeer wurde entdeckt und für die Krone Kastiliens in Besitz genommen, und damit begann die Eroberungsgeschichte dieses Gebietes.

Inzwischen hatte der spanische König einen neuen Gouverneur für den entdeckten Landstrich ernannt, Pedro Arias d'Avil, auch Pedrarias genannt.

Im Gegensatz zu dem überwiegend friedlichen Vorgehen Balboas gegenüber den indianischen Häuptlingstümern bekämpfte der neue Gouverneur die Indianer und rottete sie aus, soweit sie nicht in die Tiefe des Urwaldes flohen, um dort zu überleben und die Gesellschaftsstrukturen wieder langsam aufzubauen. Balboa, teilweise in einer Art Hausarrest gehalten, mußte tatenlos zusehen, wie sein Werk zunichte gemacht wurde. Schließlich kam er frei und wurde bevollmächtigt, die „Südsee" zu erforschen. Zunächst begab er sich in das Gebiet von Comagre und gründete dort eine Siedlung, der er den indianischen Namen Acla gab.

Die sehr ungesunde Lage von Acla legte nach der Entdeckung der pazifischen Seite den Gedanken nahe, die Ansiedlung zu verlegen. Dies führte 1519 u. a. zur Gründung der Stadt Panama. Dadurch schien der Süden Mittelamerikas für die Krone Kastiliens gesichert. Damit entstand ein Zentrum, von dem aus in der Folgezeit die Entdeckungs- und Eroberungszüge Spaniens ausgingen. Lange Zeit hindurch wurde das Land zum wichtigsten Verbindungsglied zwischen den neuen Besitzungen im Süden und dem spanischen Mutterland.

Santa Maria und Acla hörten bald auf zu bestehen.

Bereits 1510 war Diego de Nicuesa an der atlantischen Küste entlang von Nombre de Dios bis zum Golf von Urabá gesegelt und fand das Gebiet „zumpfig, mit Wäldern bedeckt, ungesund und dünn besiedelt". Von einer Besiedlung der dem Festland vorgelagerten Inseln wird nicht berichtet. Dies scheint erst durch eine größere Wanderungsbewegung in der Mitte des 19. Jh. begonnen zu haben.

Mit Pedrarias Tode im Jahre 1530 endete vorübergehend ein Ära der Ausrottung oder Versklavung der Indianer. Der spanische Historiker und Zeitgenosse Oviedo y Valdes schätzt, daß während der Tätigkeit von Pedraria etwa 2 Millionen Menschen getötet oder versklavt worden seien. Von den Berichten Oviedos und Andagoyas abgesehen, die 1514 nach Darien gekommen waren und denen wir zahlreiche Einzelheiten über Indianergruppen verdanken, die als Vorfahren der heutigen Cuna gelten können, haben andere Berichterstatter ihre Kenntnisse über das östliche Panama aus anderen schriftlichen Quellen zusammengetragen (Las Casas, Gomara, Piedrahita, Herrera, Martyr).

Dieser Teil Mittelamerikas wurde in den folgenden Jahrzehnten zu einem Durchgangsland für die aus dem fernen Süden (Peru) stammenden Schätze an Gold, Silber und Juwelen, die zunächst per Schiff bis nach Panama-City und von hier über einen etwa 80 km langen Pfad („el Camino real, Königsstraße") nach dem Norden zu einer Hafenstadt in der Nombre-de-Dios-Bucht gelangten. Dieser von unberührtem Urwald begrenzte Pfad, gerade so breit ausgeschlagen, daß zwei beladene Maultiere aneinander vorbeikamen, wurde zur wichtigsten Verkehrsader des spanischen Kolonialreiches.

Das 16. Jahrhundert war geprägt durch die Plünderungen der Korsaren, die Raubzüge von Francis Drake im Gebiet von Darien sowie durch die Entstehung der ethnischen Maronen-Gruppe. Bei letzteren handelte es sich um entlaufene Negersklaven (das spanische Wort cimarrones = wilde Männer wurde zu Maron verkürzt), die sich im Inneren von Darien an mehreren Orten sammelten, um von dort die spanischen Nachschubwege ständig zu verunsichern.

Flibuster, Freibeuter oder Bukanier wurde im 17. Jahrhundert eine Gruppe von seefahrenden Piraten genannt, deren gemeinsamer Feind die Spanier waren und die zwischen 1625 und 1698 die Karibik gefährdeten. Erst der zwischen England und Spanien im Juli 1670 unterzeichnete Vertrag von Madrid, mit dem nicht nur der Friede zwischen den beiden Hauptrivalen in der Karibik erreicht und Englands Anspruch auf seine Ländereien in diesem Gebiet anerkannt wurde, ermöglichte es, die Piraten außerhalb des Gesetzes zu stellen und die Grundlagen für ein gemeinsames Vorgehen gegen ihr Treiben zu schaffen.

Die hervorragende Verkehrslage der Landenge von Panama brachte es mit sich, daß sich auch andere europäische Mächte um Einflußnahme bzw. territorialen Besitz bemühten.

Der Nachfolger des Großen Kurfürsten, Friedrich III. von Brandenburg, verlieh 1688 auf Anregung William Patersons einer in Emden gegründeten „Brandenburgisch-Amerikanischen Kompanie" die Genehmigung, im „Königreich Darien" Handel zu treiben und zu kolonisieren. Die Pläne sind nie realisiert worden – zwei Jahre später wurde die Verfügung wieder aufgehoben – aber Paterson entschloß sich daraufhin selbst, eine schottische Handelskompanie zu gründen. Unter seiner Führung gelangten schottische Presbyterianer in das Gebiet von Darien. Es sollte dies der Anfang eines friedlichen Umschlagplatzes von Handelswaren für alle Nationen in Ost und West werden. Im November 1698 gelangte die aus fünf Schiffen und 1200 Seelen bestehende Expedition an einen Küstenstreifen, der sich als natürlicher Hafen anbot. Die Schotten nannten dieses Gebiet Caledonier Bay und gründeten hier die Niederlassung New Edinburgh. Es handelte sich um das ursprüngliche Gebiet von Comagres. Das Verhältnis der Schotten zu den umwohnenden Indianern entwickelte sich in dieser Zeit freundschaftlich.

Intrigen, Verleumdungen, Schwierigkeiten des Nachschubes, falsche Handelspolitik, nicht absetzbare Handelsgüter im Verein mit dem ungesunden Klima, das zu einer raschen Reduzierung der Zahl der Siedler beitrug, wie auch der insgeheim geführte Kampf Spaniens und Englands gegen die Siedler brachten es schließlich mit sich, daß die Kolonie aufgegeben werden mußte und von den Spaniern übernommen wurde.

Französische Siedler, die sich 1690 im Bereich der Insel Concepción bzw. im Gebiet der ehemaligen Siedlung Acla niederließen und unter denen sich viele Hugenotten befanden, traten in engen Kontakt zu den Indianern. Sie heirateten vermutlich Cuna-Frauen und schienen zunächst integriert zu werden.

In den folgenden Jahrzehnten verlor Darien an Bedeutung und büßte auch seine Funktion als Durchgangsland für die spanischen Schätze ein.

Um 1719 versuchten jesuitische Missionare von der atlantischen Küste aus, wo vorübergehend einige Stützpunkte bestanden, in das zentrale Darien vorzudringen. Der Versuch mißlang.

Die wechselseitigen Kämpfe zwischen Spaniern, Engländern und Franzosen im Gebiet der Karibik führten dazu, daß auch die in küstennahen Gebieten lebenden Indianergruppen teilweise mit in diese Auseinandersetzungen einbezogen wurden. Die Indianer erhielten ihre ersten Gewehre und stellten sich wechselseitig in den Dienst der Rivalen. So wurde es den Engländern während des Seekrieges gegen die Franzosen möglich, die Küsten-Indianer auf ihre Seite zu ziehen.

Dies führte 1757 zur Ausrottung der noch lebenden französischen Kolonisten durch die Küsten-Indianer.

Die besten schriftlichen Quellen aus dieser Zeit sind die Berichte von Juan Requejo Salcedo und Lionel Wafer. Salcedos Niederschriften gründen sich auf Beobachtungen des katholischen Missionars Adrian de Santo Tomás. Er weilte in den ersten Jahrzehnten des 17. Jahrhunderts einige Zeit unter Cuna-Indianern, von denen Teile aus dem Landesinneren in die Küstengebiete gewandert waren.

Wafer durchquerte die Landenge 1681 und beschreibt die Sitten und Gebräuche der Eingeborenen, ohne jedoch den Namen Cuna zu erwähnen. Eine eindeutige Zuordnung aufgrund indianischer Bezeichnungen scheint gesichert zu sein. Er berichtet von einem Zusammentreffen mit diesen Indianern in Darien 1681 und auch bereits von dem Vorkommen „weißer" Indianer (vgl. Albinos). Abhandlungen von William Dampier und Hugh Rose am Ende des 17. Jahrhunderts beziehen sich offensichtlich ebenfalls auf Cuna-Gruppen.

Schließlich soll noch auf einen Vertrag hingewiesen werden, der zwischen Spaniern und Vertretern der Indianer Dariens 1790 geschlossen wurde, in dem festgelegt war, daß die Spanier alle Niederlassungen dieses Distriktes aufzugeben hätten.

Im Jahre 1821 erklärte Panama gegenüber dem Mutterland seine Unabhängigkeit, um sich bald darauf mit Groß-Kolumbien zu vereinigen, mit dem es als Provinz auch nach dem Zusammenbruch (1830) verbunden blieb. Revolten und Bürgerkriege führten schließlich dazu, daß sich die Provinz Panama 1903 zu einem unabhängigen Staat erklärte. Durch das Eingreifen der Vereinigten Staaten von Amerika mußte Kolumbien diese Tatsache zunächst hinnehmen und bestätigte die Trennung endgültig 1921.

Im Jahre der Unabhängigkeitserklärung (1903) verpachtete der neue Staat im Hay-Bunau-Varilla-Vertrag einen 16 km breiten Streifen, in dessen Mitte sich der unter Ferdinand de Lesseps (1881) begonnene Verbindungskanal zwischen Pazifik und Atlantik befand, auf „ewige Zeiten" an die USA.

Bereits 1524 hatte Hernando Cortez den Bau eines Schiffahrtsweges durch die Landenge angeregt. Es blieb den Nordamerikanern vorbehalten, den durch medizinische, technische und finanzielle Schwierigkeiten gebremsten Ausbau des Panamakanals 1904 wiederaufzunehmen. Erst im August 1914 konnte die Schiffahrtsstraße nach unsäglichen Opfern und Mühen eröffnet werden.

Durch den im Jahre 1978 geschlossenen neuen Vertrag zwischen Panama und den USA werden sich die Amerikaner in den nächsten Jahren zurückziehen und bis zum Jahre 2000 die Kanalzone praktisch verlassen haben.

URSPRÜNGLICHE BEVÖLKERUNG DARIENS

Zur Zeit des ersten Kontaktes zwischen Spaniern und Indianern bestanden im Gebiet des heutigen Panama eine Reihe von kleinen Fürstentümern mit einer Klassengesellschaft und einer Art von sakralem Herrschertum. An der Spitze einer Gemeinschaft stand der Häuptling, Oberhäuptling oder Kazike, der gelegentlich auch mehrere Dörfer kontrollieren konnte. Ihm zur Seite bzw. unter ihm stand die Gruppe der Vornehmen, des Adels, mit ihren Frauen. Die beiden untersten sozialen Schichten wurden durch die Masse der einfachen Mitglieder einer Gruppe und die Sklaven gebildet. Bei letzterer Gruppe handelte es sich um Kriegsgefangene, denen als Zeichen ihres sozialen Status ein Vorderzahn ausgeschlagen und eine Besitzermarke eintätowiert wurde.

Die Vornehmen erhielten nicht nur Titel und Status aufgrund besonderer Leistungen in Kriegszeiten, die sie durch ständigen persönlichen Einsatz immer wieder unter Beweis stellen mußten, sondern gleichzeitig auch Übereignungen an Land, Frauen und Sklaven. Dem Kaziken war eine große Machtfülle eigen; er wachte über die sozialen und politischen Verhältnisse, und die Strafen bei Vergehen waren hart.

Besondere Verehrung genossen vor allem ein oberstes Götterpaar und eine Fruchtbarkeitsgöttin, die Wesenszüge mythischer Tiergestalten aufwiesen. Die Erde wurde als flache Erdscheibe mit je 8 ober- und unterweltlichen Regionen gedacht. Es wurden verschiedene Totenreiche unterschieden inAnlehnung an die verschiedenen Weltregionen, wobei Todesart sowie Zugehörigkeit zum Kriegerstand und Adel den Zugang der toten Seele zu jenen Regionen bestimmten.

Starben Kaziken oder Fürsten, so folgten ihnen Frauen und Diener, die vorher mit Gift betäubt worden waren. Die prominenten Toten wurden im allgemeinen in Hängematten bestattet, die in Erdgruben an Holzpfählen hingen, nachdem zuvor die Leichname durch Dörren über Feuer und durch Räucherung eine gewisse Konservierung erfahren hatten.

Von allen spanischen Berichterstattern wird immer wieder der vollständige, goldene Zeremonialschmuck erwähnt, der den Verstorbenen mitgegeben wurde. Wegen ihres Goldreichtums hießen die Gebiete, die heute den Staat Panama ausmachen, offiziell in Spanien Castilla del Oro, Goldenes Kastilien.

Erwähnt sei an dieser Stelle, daß Keramik- und Goldarbeiten typisch waren. Im Gebiet des benachbarten Cauca-Tales datieren die Anfänge der Töpferkunst um 500 v. Chr. Mehrere Regionen (Narino, Popayan, Cali, Buga, Calima, Quimbaya) die durch eine Reihe gemeinsamer Kennzeichen charakterisiert sind, werden unterschieden.

Von den verschiedenen Goldstilen interessiert in diesem Zusammenhang der Darien-Stil in Panama, der mit anderen benachbarten Entwicklungen technisch und motivmäßig verwandt ist und dessen Anfänge wahrscheinlich erst nach dem 5. Jahrhundert n. Chr. einsetzten. Aus kalt gehämmerten Goldblechen entstanden Helme, Ohrschmuck, Ringe, Armreifen, Bänder und runde Brustschilde mit figürlicher oder geometrischer Verzierung. Die Objekte wurden aus Tumbaga angefertigt, einer Legierung aus Gold und Kupfer mit Spuren von Silber.

DIE CUNA ENTWICKLUNGEN UND WANDERBEWEGUNGEN

Über die Entwicklung der Cuna-Gruppen im Verlaufe der Jahrhunderte ist wenig bekannt. Die frühesten Berichte über Indianer dieses Gebietes lassen kaum eine Beziehung zur modernen Cuna-Kultur erkennen. Erst im 17. Jahrhundert sind durch Beschreibungen der Indianer Dariens Hinweise auf die Cuna gegeben. Wahrscheinlich führten die vornehmlich auf die Gewinnung von Gold gerichteten spanischen Eroberungszüge nicht nur zur Ausrottung vieler indianischer Gruppen, sondern auch zu einem Rückzug überlebender Ethnien in unzugängliche Gebiete.

Im 18. Jahrhundert lebten die meisten Indianer Dariens im Inneren des Landes, entlang der Flüsse, die als wichtige Verkehrsadern dienten.

Erst in der Mitte des 19. Jahrhunderts begannen die Cuna sich gruppenweise aus dem Inneren zur Küste und auf die vorgelagerten Inseln hin zu bewegen. Noch 1853 wird berichtet, daß die meisten San-Blas-Dörfer am Küstenufer und an den Flüssen lagen und nur wenige Cunas auf den vorgelagerten Inseln lebten.

Die Besiedlung der Inseln ist ein Vorgang, der sich innerhalb der letzten hundert Jahre vollzog. Als ursächliche Gründe für diese Wanderung vom Festland sind anzusehen

1. zunehmende Bedeutung des Kokosnußhandels,
2. zunehmende Bedeutung des Handels mit Schildkrötenpanzern,
3. günstigere Umweltbedingungen.

Der Handel mit Schildkrötenpanzern und Kokosnüssen gestaltete sich von den vorgelagerten Inseln günstiger, da die Handelsschoner die Koralleninseln einfacher anlaufen konnten.

Im Gegensatz zu den Dörfern des Festlandes, deren Bewohner stark unter Tropenkrankheiten litten (Gelbfieber, Malaria usw.), die aber auch ständig dem extemen feuchtheißen Klima, den Angriffen vieler kleiner und großer Tiere ausgesetzt waren, boten die überwiegend in Sichtweite der Küste befindlichen Inseln eine günstigere Ausgangssituation für die Menschen.

Etwa ein Drittel der San Blas-Inseln verfügt über schmale Sandstrände. Der Sand ist von bemerkenswerter Reinheit und Feinheit. Viele der Inseln sind unbewohnt und tragen nur Kokosnußplantagen. Auf einigen Inseln leben einige Dutzend Cuna-Einwohner, und wenige Eilande zählen mehrere tausend Bewohner und sind bereits so dicht bevölkert, daß die Bambushütten bis an die äußerste Grenze der Insel, ja manchmal bereits bis ins Meer gebaut wurden. Diese Wohnstätten stehen dann auf einer Anfüllung von Abfall, Sand und Kies, letztere in mühseligen Bootsfahrten von bestimmten Stellen des Festlandes herbeigeschafft.

Nach der Erlangung der Unabhängigkeit versuchte die panamesische Regierung die San Blas-Cuna unter Regierungskontrolle zu bringen. Dies führte 1915 zur Einrichtung eines administrativen Hauptquartiers für einen verantwortlichen Gouverneur für diese Region in El Porvenir am westlichen Ausgang von San Blas. Außerdem wurden weitere Polizeiposten und Stationen zur Überwachung auf einigen Inseln eingerichtet.

Im Jahre 1925 kam es zu einer Revolte der Cuna gegen diese Bevormundung, wobei die USA Unterstützung gewährten.

Dieser Vorgang markiert den Beginn einer starken Bindung der Cuna an die USA und ihre Bürger. Die Bindung wurde weiter auf die Bewohner der amerikanischen Kanalzone übertragen, zumal viele männliche Cuna dort vorübergehend Arbeit und Brot fanden bzw. finden. So wurde die Kanalzone zu einem wichtigen Kontaktfeld für die gesamte Cuna-Kultur.

Die Cuna gehören dank ihrer materiellen und geistigen Güter in das Gebiet der zirkum-karibischen Kultur, die sich aus einer Reihe unterschiedlicher Schichten zusammensetzt. Es existieren große Ähnlichkeiten mit dem Kulturbesitz archaischer tropischer Waldlandstämme Südamerikas. Die meisten Indianer dieses Kulturareals sind mit der Chibcha-Sprachfamilie verbunden, so auch die Cuna.

Als historische Heimat der Chibcha gelten die Kordillerengebiete Kolumbiens. Die Chibcha waren ein mächtiges Volk, das in großen, von Palisaden umgebenen Städten lebte und von kriegerisch gesonnenen Fürsten regiert wurde. Sie breiteten sich nach Süden und Norden aus und überlagerten vermutlich in mehreren Wellen Vorbevölkerungen mit unterschiedlichen Sprachen und Wirtschaftsformen. So erreichten sie auch die Gebiete des südlichen Zentralamerika, auch die ehemaligen kleinen Fürstentümer der Cueva im Bereich des Isthmus sprachen ihr Idiom.

Trotz des langen Kontaktes mit Europäern, Mulatten und Negern haben die Cuna ihre rassische und kulturelle Einheit und Reinheit bewahrt. Von Mulatten und Negern wird bis heute nur mit Verachtung gesprochen, Spaniern und Panamesen gegenüber ist bis zum heutigen Tage eine gewisse Zurückhaltung und Reserviertheit feststellbar, während alle anderen Nationalitäten mit einer gelassenen bis freundlichen Aufgeschlossenheit bedacht werden.

I Indianer Dariens. Häuptling Lacenta mit Gefolge. Nach Lionel Wafer. London 1699.

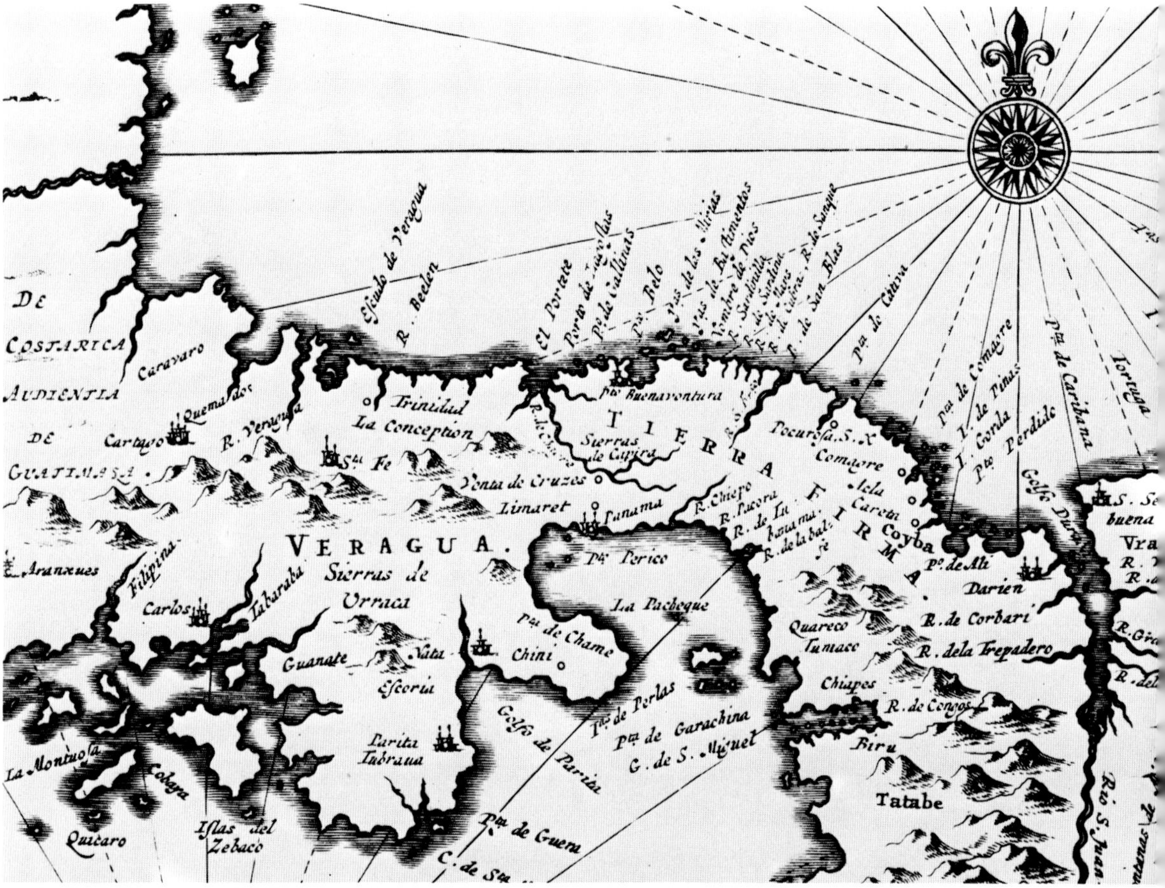

II Kartenausschnitt aus „Die Unbekante Neue Welt". Nach O. Dapper. Amsterdam 1673.

III Der Isthmus von Darien. Nach Lionel Wafer. London 1699.

IV Kartenausschnitt: Isthmus von Panama. Nach Charlevoix. Paris 1730.

A Map of the
ISTHMUS of
DARIEN,
&
Bay of PANAMA
THE NORTH SEA
THE ISTHMUS OF DARIEN
THE SOUTH SEA
I. Bastimentos
A Fort
A Fort
Portobel
Nombre de Dios
Port Scrivan
Point Sanballas
Springers Key
la Sounds Key
The Samballas Islands
Chagre
R. of Conception
Venta de Cruzes
R. of Cheapo
Cheapo
Panama
Old Panama
I. of Pines
Golden I
The Entrance of the R. of Darien
Ital. Miles
I. Perica
I. Chepelio
Sholes
I. Tabogilla
I. Tabago
BAY OF PANAMA
I. Pacheque
The Kings or Pearl Islands
Nata
I. Otoque
Punta Mala
Sholes
I. Chucha
I. S. Paul
R. of Congo
Scuchadero
R. of Sta. Maria
Sta. Maria
The Gold R. & Mines
Caret Bay
C. St. Lorenzo
Gulph of St. Michael
I. Gallera
Point Garachina

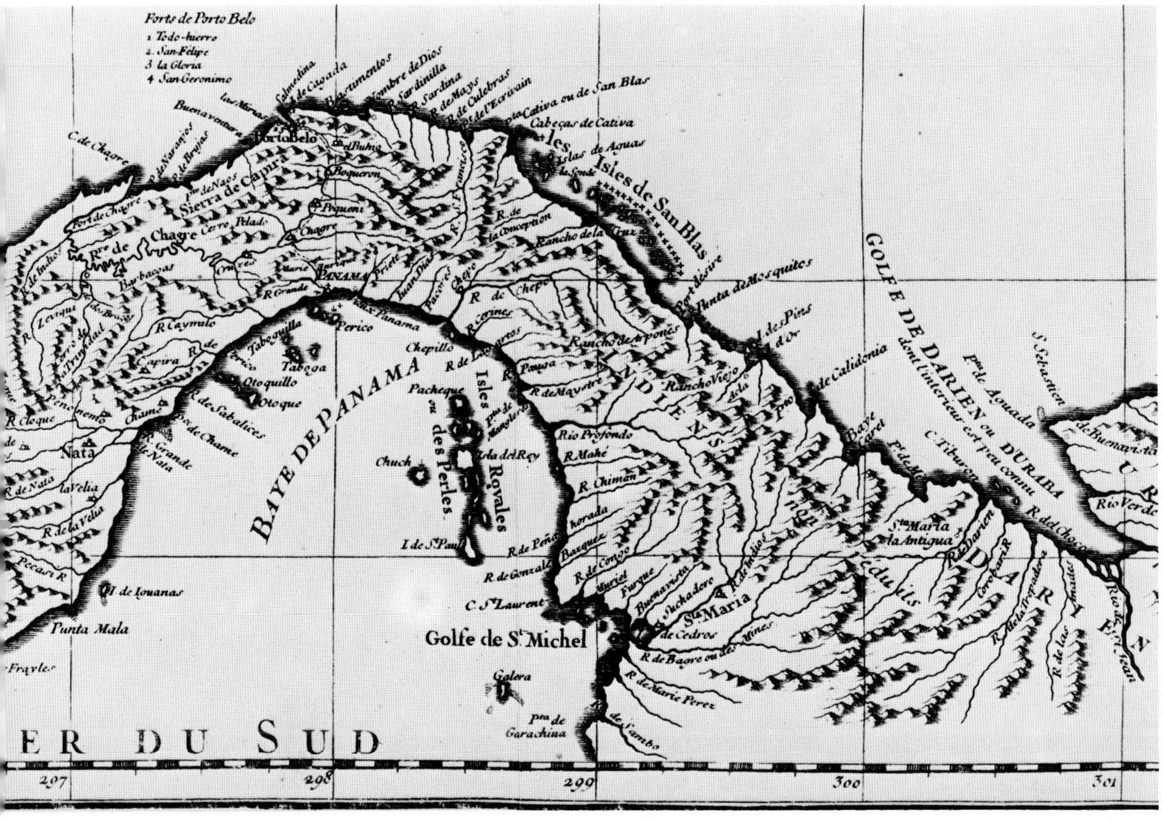
Forts de Porto Belo
1 Todo-hierro
2 San-Felipe
3 la Gloria
4 San-Geronimo
C. de Chagre
Porto Belo
Bastimentos
Nombre de Dios
Buena ventura
Sierra de Capira
Boqueron
Chagre
Isles de San Blas
Punta de Mosquitos
GOLFE DE DARIEN ou D'URABA
dont l'interieur est peu connu
PANAMA
Vieux Panama
Perico
Tabogilla
Taboga
Otoquillo
Otoque
BAYE DE PANAMA
Isles Royales ou des Perles
Chepillo
Pacheque
Isla del Rey
Chuch
I. de St. Paul
INDIENS
Nata
R. de Nata
la Velia
R. de la Velia
Punta Mala
I. de Iouanas
Frayles
Golfe de St. Michel
C. St. Laurent
St. Maria
R. de Bagre ou des Mines
R. de Marie Perez
Galera
Pta. de Garachina
Rancho Viejo
Rio Profondo
R. Mahé
R. Chiman
Sta. Maria la Antigua
C. Tiburon
Pte. de Aguada
R. del Choco
DARIEN
Rio Verde
ER DU SUD
297
298
299
300
301

V Cuna-Siedlung, Golf von San Blas. Lithographie nach Selfridge, 1874.

VI Im Anflug auf die San Blas Inseln

VII San Blas Insel

VIII Dorfstraße

IX Wohnhaus

X/XI Cuna-Frauen

XII Cuna-Frau bei der Anfertigung einer mola

WOHNGEBIETE UND GLIEDERUNG

Die verwaltungsmäßige regionale Gliederung Panamas umfaßt 9 Provinzen, von denen in diesem Zusammenhang nur diejenigen von Interesse sind, in denen Cuna-Indianer siedeln. Dies trifft zu für die Provinzen Darien, Panama und Colon.

Das heutige Hauptwohngebiet der Cuna, Comarca de San Blas, gehört als autonomes Indianerterritorium statistisch zur Provinz Colon und umfaßt den gesamten östlichen Küstenabschnitt am Karibischen Meer einschließlich der vorgelagerten Inseln. In diesem Gebiet siedeln über 30% der indianischen Bevölkerung Panamas in ihren traditionellen Lebens- und Wirtschaftsformen.

Die Comarca de San Blas (= Landschaft von San Blas) erstreckt sich vom Kap Tiburon im Osten an der panamesisch-kolumbianischen Grenze bis zum Rio Mandinga im Westen, wird im Norden durch die Karibik, im Süden von den Gebirgszügen der Cordillera de San Blas begrenzt und umfaßt etwa 3260 Quadratkilometer.

Weitere Wohngebiete der Cuna sind ein Reservat im Flußgebiet des Bayano in Zentral-Panama, ein Areal am Rio Chucunaque in der Provinz Darien und ein Gebiet im Bereich des Rio Tuyra entlang der Flüsse Paya, Pucro und Capete.

Eine andere Gruppe siedelt im Bereich des kolumbianischen Staates bei Arquia und im Tal des Rio Atrato. Diese Cuna, von denen einige Hundert an den östlichen Ufern des Golfes von Urabá ansässig sind, waren in den letzten Jahrzehnten einem starken Schrumpfungsprozeß ausgesetzt.
Hinsichtlich der heute durch Cuna bewohnten Gebiete in Panama sind folgende reservatähnliche Areale zu unterscheiden:

Comarca von San Blas
Comarca von Bayano und
Comarca von Darien.

Das Reservat von Bayano existiert seit 1938. Dasjenige von Darien umfaßt die Wohngebiete im Bereich des R. Chucunaque. Die gesetzlichen Voraussetzungen für die Errichtung der drei Reservate wurden mit den panamesischen Gesetzen Nr. 18 vom 14.2.1952 (Bayano und Darien) und Nr. 20 vom 31.1.1957 (San Blas) geschaffen.

In Panama ist seit vielen Jahren eine aktive Indianerpolitik betrieben worden, die zunächst zur Errichtung von reservatähnlichen Gebieten führte. Sie sollten dem Schutz der Autochthonen vor Landspekulationen und Ausbeutung durch Ladinos dienen. Darüber hinaus wurde über die Errichtung einer besonderen Abteilung für Indianerfragen in Panama City versucht, durch Einrichtung von Schulen und Alphabetisierung die Lebenssituation der Indianer zu verbessern.

Zweifellos stellen inzwischen die Cuna von San Blas die sozial und wirtschaftlich am besten entwickelte Gruppe im südlichen zentralamerikanischen Gebiet dar. Dies wird nicht nur dokumentiert durch den Bau von Schulen auf größeren Inseln, sondern auch durch die Anlage einiger einfacher Landepisten für Kleinflugzeuge und die Installierung von bescheidenen Anlegestellen für Kleinmotorboote, wodurch wiederum Außenkontakte und Handel intensiviert werden.

Die Fortschritte in den Entwicklungen der anderen Siedlungsgebiete sind dagegen deutlich zurückgeblieben.

Die ursprüngliche Bedeutung des Namens Cuna ist bis heute strittig und hat im Laufe vergangener Jahrzehnte verschiedene Deutungen erfahren; der Hinweis reicht zurück auf einen alten Herkunftsnamen aus Darien bis zu den Bemerkungen von Nordenskiöld und Wassén, daß der Name Cuna „Zentrum" oder „Mittelpunkt der Welt", „Ebene", „Tiefland" bedeuten würde.

Im Laufe der Geschichte sind die Cuna mit unterschiedlichen Namen belegt worden, als Cuna-

Cuna, Chucuna, Chicunaque, Cannagas usw. In allen Fällen handelte es sich um Untergruppen oder Bezeichnungen von Gruppen, die in Anlehnung an geographische Örtlichkeiten gewählt worden waren.

Grundsätzlich sind zu gliedern die Insel-Cuna und die noch auf dem Festland siedelnden Gruppen.

Die Cuna selbst unterscheiden Telmaltola, Tanakwitola, Payatola, Walatola und Yalatola. Von den Festland-Cuna werden die Inselbewohner, die sich selbst oft Tule nennen, als „Seevolk“ (Telmaltola) bezeichnet; die See-Cuna nennen die im Gebiet des Urabá-Golfes siedelnden Gruppen „Östliches Volk“ (Tanakwitola), die Cuna im Bereich des Rio Tuyra „Schlangenvolk“ (Payatola), die Bewohner des Rio Chucunaque „Volk der Flußkrümmungen“ (Walatola) und die Festland-Cuna im nördlichen Küstenbereich „Volk des Südens oder Volk der Berge“ (Yalatola).

Die wissenschaftliche Untersuchung der Cuna als ethnische Einheit begann in der Mitte der zwanziger Jahre durch den amerikanischen Forscher Richard O. Marsh, der auch wenig später beim Aufstand der Cuna gegen die panamesische Bevormundung und Vorherrschaft eine gewisse Schlüsselrolle innehatte.

Es folgten der amerikanische Genetiker Reginald G. Harris, der Schwede Erland Baron von Nordenskiöld und 1935 sein Landsmann Henry S. Wassén. Durch ihre zahlreichen Publikationen und wiederholten Reisen in das Gebiet von San Blas vermochten sie das Interesse der wissenschaftlichen Welt auf diesen Teil der Erde zu lenken.

Für die jüngste Zeit sind die Aufenthalte, Arbeiten und Publikationen von Mac Chapin, Regina Holloman, Nils Holmer, James Howe, Clyde Keeler, Fred McKim, Joel und Dina Sherzer und David B. Stout zu nennen.

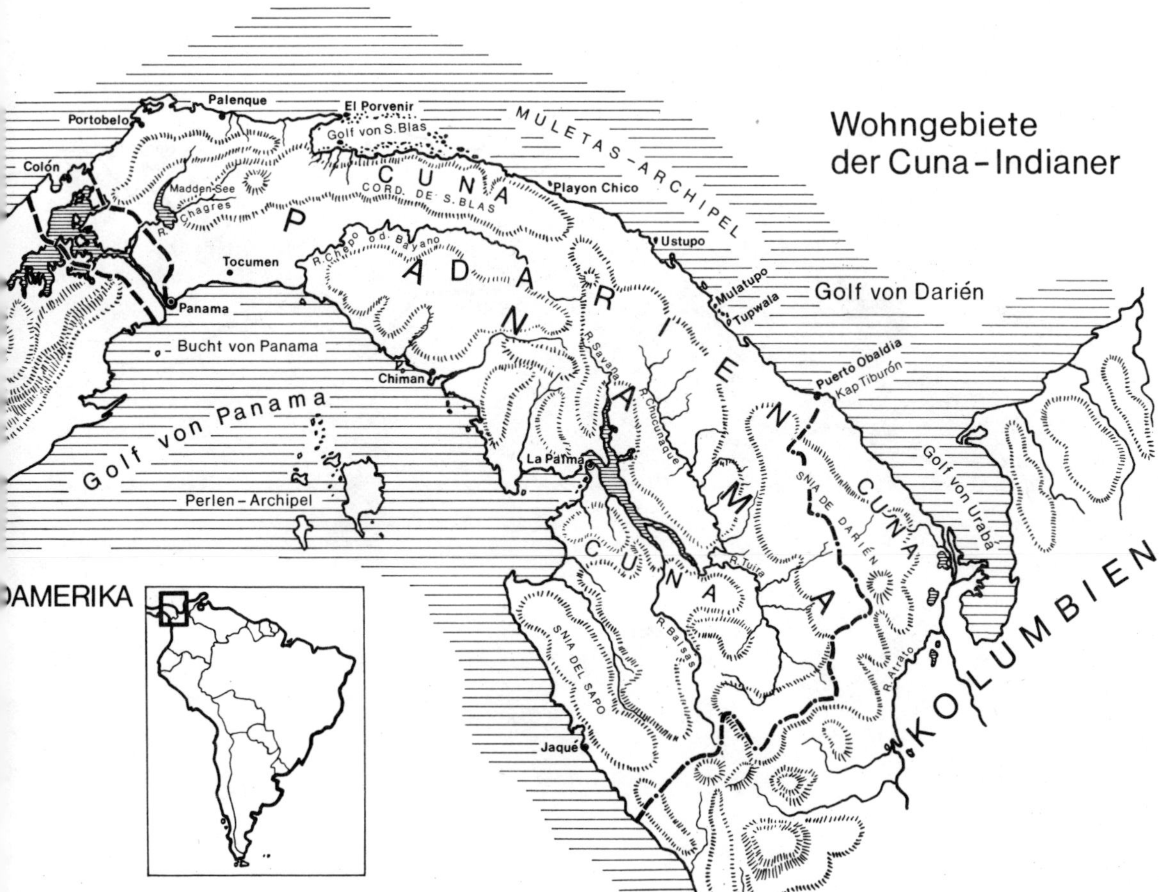
Wohngebiete
der Cuna-Indianer
Palenque
El Porvenir
Portobelo
Golf von S. Blas
MULETAS-ARCHIPEL
Colón
CUNA
Playon Chico
Madden-See
R. Chagres
CORD. DE S. BLAS
P
Ustupo
R. Chepo od. Bayano
Tocumen
ADARIEN
Mulatupo
Tupwala
Golf von Darién
Panama
Bucht von Panama
R. Savana
Puerto Obaldia
Kap Tiburón
Chiman
R. Chucunaque
Golf von Panama
La Palma
Golf von Urabá
SNIA DE DARIÉN
CUNA
Perlen-Archipel
R. Tuira
KOLUMBIEN
AMERIKA
R. Balsas
SNIA DEL SAPO
R. Atrato
Jaqué

Comarca de San Blas
Westlicher Teil

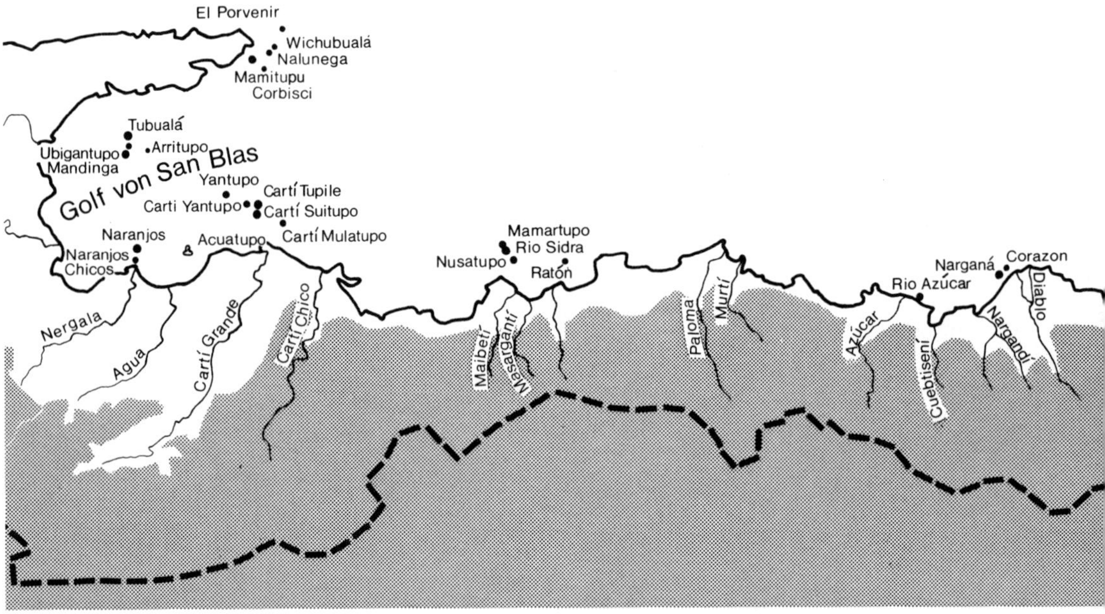

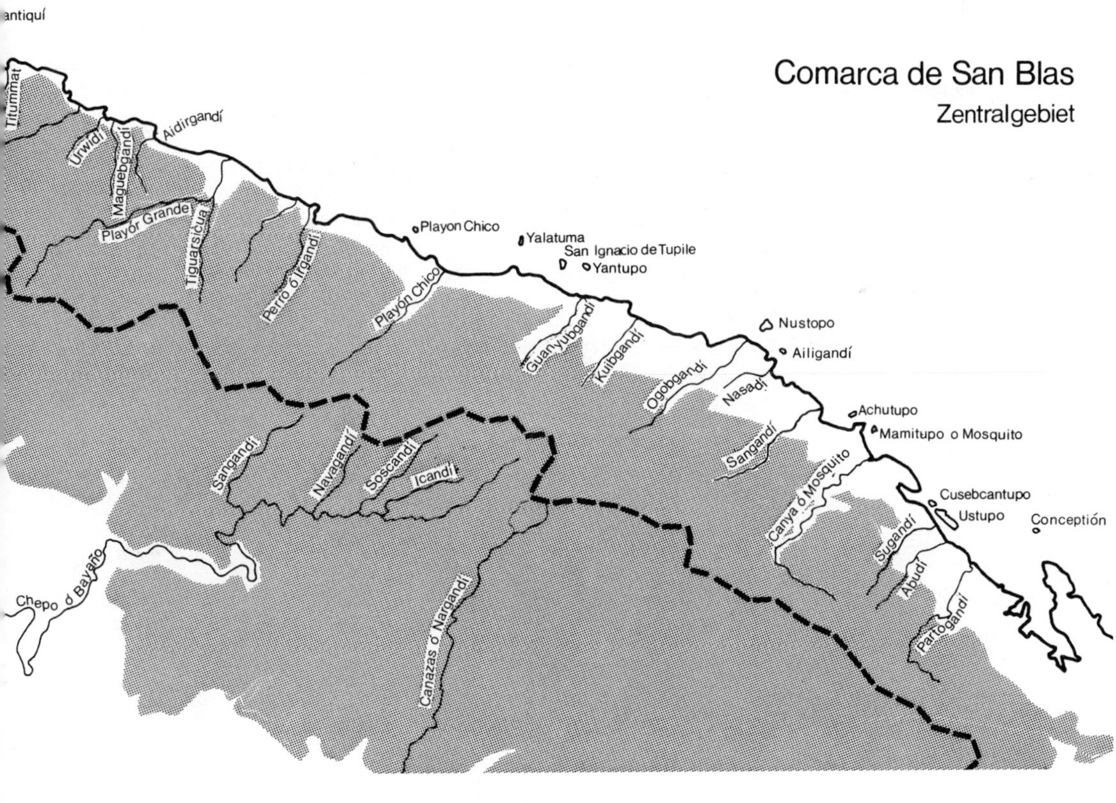

Comarca de San Blas
Zentralgebiet

Über die Zahl der Cuna vor dem Kontakt mit der Zivilisation gibt es natürlich keine Angaben, und auch für spätere Zeiten existieren meist nur Schätzungen.

Für die Mitte des 19. Jahrhunderts schätzt Cullen eine Bevölkerungszahl von 3000, Selfridge (1874) 7000, und für 1925 glaubt Harris die San Blas-Cuna auf 20 100 Seelen veranschlagen zu können. An dieser sprunghaften zahlenmäßigen Entwicklung wird die Wanderungsbewegung der ehemaligen das Festland bewohnenden Cuna auf die ursprünglich unbewohnten Inselgebiete deutlich.

Der offizielle Zensus von 1940 ermittelte für die San Blas-Inseln eine Bevölkerungszahl von 20 822. Diese Zahl verminderte sich in den folgenden Jahren leicht, was wohl auf Abwanderungen in das Gebiet der amerikanischen Kanalzone zurückzuführen sein dürfte. Im Jahre 1960 war die Kopfzahl auf 20 084 reduziert, und im Jahre 1970 berichtete der Zensus von 23 945 Indianern in San Blas, einer Zahl, die wohl bis zur Gegenwart eine weitere Steigerung erfahren hat.

Das Gebiet der Comarca de San Blas umfaßt ein Gebiet von 3 206 Quadratkilometern. Während 1950 eine rechnerische Bevölkerungsdichte von 5 Menschen pro Quadratkilometer ermittelt wurde, stieg die Dichte 1960 auf 6 Personen bei weiter leicht ansteigender Tendenz. Dabei ist zu berücksichtigen, daß die San Blas-Cuna auf sehr wenige Zentren konzentriert wohnen. 95% der Cuna leben in Dörfern mit über 100 Einwohnern, nur etwa 5% der Bevölkerung lebt in kleinsten Gemeinwesen, d. h. in Dörfern unter 50 Bewohnern.

Das Zentrum der Besiedlung liegt im östlichen zentralen Inselteil. Im Gegensatz zu den Dörfern des Festlandes, die sich bei einer Bevölkerungszahl von etwa 300 Personen in zwei Gemeinwesen zu teilen beginnen, spalten sich die Dörfer in San Blas erst, wenn sie etwa 1000 Einwohner erreicht haben. Dies gilt nur für einige wenige Inseln, da der weitaus größere Teil der Bevölkerung in kleineren Inseldörfern mit einer Bevölkerung zwischen 100 und 500 Bewohnern lebt.

Nach dem Zensus von 1960 betrug die Zahl der Cuna im Gebiet des Rio Bayano 1000 Personen, die in einem etwa 87 000 ha großen Gebiet entlang dem Strom in 8 Dörfern leben. Für die Chucunaque-Cuna, die sich auf 3 Dörfer verteilen, wurden 1967 513 Personen, im Jahre 1970 jedoch nur noch 327 Einwohner angegeben.

PHYSISCHE KENNZEICHEN – ALBINOS

Wie an anderer Stelle ausgeführt, haben sich die Cuna trotz unterschiedlich langer Kontakte mit Europäern, Mulatten und Afrikanern kulturell weitgehend rein erhalten können; dies ist eine bemerkenswerte Tatsache, da in anderen vergleichbaren Fällen der Kontakt mit einer einzigen fremden Ethnie zum Verlust der indigenen Kultur führte.

Die einzige bemerkenswerte fremde Blutzufuhr scheint aus der Zeit des späten 17. Jahrhunderts bzw. frühen 18. Jahrhunderts zu datieren, als sich eine größere Zahl von französischen Kolonisten mit Cuna-Frauen verheirateten.

Die Cunas sind von kleiner, gedrungener Statur, besitzen einen auffallend langen Oberkörper, breite Schultern, kurze, dicke Beine und lange, oft hakig gebogene Nasen. Die dunkelbraune Haut und straffes, kurzgeschorenes Haar unterscheiden sie von ihren indianischen Nachbarn, den Chocos. Die Durchschnittsgröße der Männer liegt zwischen 150 und 155 cm, die der Frauen zwischen 140 und 145 cm. Die Cuna weisen eine erstaunlich hohe Zahl an Albinos in ihrer Bevölkerung auf. Nach dem Stand unseres heutigen Wissens dürfte der prozentuale Anteil um ein Prozent liegen.

Bereits Salcedo bemerkte 1640, daß einige Menschen weiß und blond wie Flamländer seien, und Wafer beschreibt dies im einzelnen. Wafers Schätzungen beliefen sich damals auf einen Albino-Anteil von 0,3–0,5%. Harris ermittelte 1925 bei einer Feldstudie einen Prozentsatz von ± 0,69%, Stout (1947) 0,47% und Keeler (1956) 1,75%. Ein ähnlich hoher Prozentsatz an Albinos wird nur noch aus dem Südwesten der USA von den Hopi, Zuñi und Jemez berichtet. Der entsprechende Prozentsatz in Europa liegt bei 0,05%.

Die Albinos hatten und haben noch heute eine gewisse Sonderstellung innerhalb der Cuna-Gesellschaft. Jede schwangere Frau sucht den örtlichen Medizinmann auf, damit er ihr Medizin gegen ein eventuelles albinotisches Kind verabreicht. Albinos gelten als Menschen, die besonders enge Beziehungen zum Jenseits haben und deren Freundschaft man sich gern versichert. Andererseits bestanden bis in die ersten Jahrzehnte des 20. Jahrhunderts hinein Heiratsverbote zwischen männlichen Albinos und normalen Cuna-Frauen. Nach dem Aufstand von 1925 haben sich die Vorstellungen etwas gelockert; heute kommen nicht nur Mischehen vor, sondern es werden angeblich auch keine Albinos mehr bei der Geburt getötet. Die Albinos werden „Mondkinder" genannt, weil die Cuna annehmen, ihre Herkunft hänge damit zusammen, daß mindestens ein Elternteil während der Schwangerschaft zu häufig und lange in den Mond gestarrt habe.

Medizinisch gesehen ergeben sich für die Albinos im tropischen Milieu gewisse gesundheitliche Probleme, da sie in ihrer körperlichen Tätigkeit eingeschränkt sind. Ihre Statur ist nicht nur kleiner, auch gewichtsmäßig sind merkbare Unterschiede zu den Cuna vorhanden. Meist sind sie stark kurzsichtig und stimmlich unterentwickelt. Von körperlichen Arbeiten müssen sie sich fernhalten, da ihre Konstitution schwach ist. Ihre sehr empfindliche helle Haut, häufig mit roten Pusteln besetzt, kann nicht längere Zeit der direkten Sonneneinwirkung ausgesetzt werden, da sie sonst stark hypertrophiert. Das bedeutet praktisch, daß die Albinos für viele normale Arbeiten innerhalb der Dorfgemeinschaft nicht zur Verfügung stehen.

Vielleicht ist in diesem Zusammenhang der Hinweis von Interesse, daß um die Wende vom 17. zum 18. Jahrhundert mehrere hundert französische Seeräuber bei den Cuna einheirateten und unter ihnen lebten. Der amerikanische Mediziner Keeler vermutet, daß eine blauäugige, blonde Variante und auch die Albinos das Ergebnis europäischer genetischer Beimischungen gewesen seien.

WOHNHÄUSER UND NEBENGEBÄUDE

Die Cuna errichten meist rechteckige Hütten in einer Grundfläche von ca. 5 x 8 m. Abgesehen von der aus Pfosten, Balken und Firstbalken bestehenden Grundkonstruktion, an denen Gebrauchsgegenstände und Küchengeräte, aber auch die Hängematten angebracht sind, setzen sich die umgrenzenden fensterlosen Wände aus Bambusrohrpfosten und schmalen Palmholzblättern zusammen. Das etwa 4 m hohe Giebeldach ist mit mehreren Lagen Palmwedeln gedeckt. Dach und Wände werden mit gespaltenen Bastfasern befestigt. Die meisten Hütten verfügen über Öffnungen, oft an den Schmalseiten, welche durch Vorhänge oder geflochtene Türen einigermaßen verschließbar werden.

Gelegentlich existieren auch Rundhäuser, in etwa gleicher Größe und Technik gebaut, die in ihrer Entstehung aus dem kolumbianischen Gebiet stammen.

Soweit es sich um Einflüsse der östlich siedelnden Cuna handelt, verfügen die eingeschossigen Wohnhütten häufig noch über einen Hängeboden, der zu beiden Seiten geöffnet und über eine einfache gekerbte Baumleiter erreichbar ist. Auf diesem Hängeboden werden Gegenstände und Lebensmittel, die vor Tieren besonders geschützt werden sollen, aber auch Hängematten aufbewahrt.

Im Innern der Häuser herrscht peinliche Sauberkeit, da jeden Tag mehrmals der festgestampfte Erdboden gekehrt wird. Das Inventar der Hütten besteht nur aus Hängematten, einfachen Holzschemeln und wenigen Bänken und Regalen. Dazu kommen Holzmörser, gelegentlich Steinmetaten und neuerdings erworbene Getreidemühlen.

Meist liegt hinter dem Wohnhaus ein separater, teilweise überdachter Hof oder auch eine kleine Hütte, die als Kochraum dient. Hier finden sich Behälter, Dosen, Feuerfächer, Holzzangen, Siebe und Schöpflöffel, wohl auch gelegentlich Eisenwaren, Porzellangeschirr oder Emaillekessel. Mittelbar zum Haus gehören oft noch Stallungen für die Hühner und Schweine. Es sind rechtekkige, dachlose Umzäunungen aus Bambusrohr, die meist in der Nähe der See oder des Flusses errichtet werden.

Seit einigen Jahren erbauen als fortschrittlich bezeichnete Inselbewohner von San Blas anstelle der alten, gesunden, luftigen Wohnhütten rechteckige Steinhäuser oder garagenähnliche Gebäude im Wellblechstil, die den natürlichen Eindruck eines Dorfes weithin verschandeln. Die Steinbauten ergeben für die Bewohner nicht nur sehr bald ein ungesundes Milieu mit bisher unbekannten Erkrankungen, sondern setzen rasch Schimmel an und sorgen auf diese Weise zusätzlich für die Ausbreitung neuartiger Krankheiten (Rheuma, Arthritis).

ERNÄHRUNGSGRUNDLAGEN

Die Grundlage der Ernährung bilden heute Fische und angebaute Kulturpflanzen, unter denen vor allem Bananen, Mais, Reis, Yucca, Bataten und Kokosnüsse genannt werden müssen. Als Ergänzung dazu dienen gelegentlich gesammelte Produkte des Waldes und das Fleisch von Wildtieren.

Hinsichtlich der Bedeutung und des Verbrauchs der einzelnen Erzeugnisse ist zu bemerken, daß Unterschiede bezüglich der Insel-Cuna und der Fluß-Cuna bestehen. Die Fluß- oder Festland-Cuna partizipieren zu fast 90% von ihren angebauten Produkten, während die Insel-Cuna nur etwa 80% ihres Lebensunterhaltes aus ihren Pflanzungserzeugnissen bestreiten. Die Jagd spielt heute bei beiden Gruppen eine unbedeutende Rolle; infolge des Rückganges an jagdbaren Tieren während der letzten Jahrzehnte sind anteilmäßige Angaben von etwa 5% bei den Fluß-Cunas und etwa 1% bei den Insel-Cunas gerechtfertigt. Wie oben angedeutet, bilden neben den Erträgen der Pflanzungen die Fische eine erwähnenswerte Nahrungsquelle, und zwar sowohl für die Insel- als auch die Fluß-Cunas. Für erstere kann der Anteil an Meeresfischen etwa 14%, für letztere der Verbrauch an Flußfischen mit etwa 5% vom gesamten Nahrungsmittelverbrauch angenommen werden. Eine zunehmende Bedeutung kommt bei den Insel-Cunas eingeführten Produkten zu, d. h. Nahrungsmitteln, die über Zwischenhändler oder direkten Import in das San Blas-Gebiet gelangen. Dieser Nahrungsmittelanteil dürfte zur Zeit mit etwa 5% anzusetzen sein.

Bezüglich des Nährstoffanteils kann davon ausgegangen werden, daß die das ganze Jahr über in verschiedenen Arten zur Verfügung stehende Banane die wichtigste Quelle an Kohlehydraten darstellt. Weitere wichtige Nährstoffe sind enthalten im Mais, der eine langsam zunehmende Bedeutung im Haushalt und Ritual erlangt, im Reis, in der Kokosnuß, den verschiedenen Früchten und Fischen. Auf den nur gelegentlichen Verzehr von Hühner- und Schweinefleisch sei hingewiesen.

Die Nahrungsmittel werden in unterschiedlichem Zustand konsumiert: Fisch oder Fleisch wird auf einem Holzrost geräuchert, teilweise auch mit einem bijão-Blatt umhüllt oder vorher in Kokosmilch gelegt. Die tägliche Bananensuppe, eine typische Cuna-Nahrung, enthält u. a. Fisch, Yucca und Kokosmilch.

Süße Bataten, Yucca und andere Produkte der Pflanzung werden häufig auch in Wasser aufgeweicht und als halbflüssiger Brei gegessen, wobei als würzende Zusätze Salz, Limone und Chili-Pfeffer dienen.

FISCHFANG, JAGD, TIERHALTUNG

Das Fischen mit Ködern ist allgemein bekannt; Angeln amerikanischen Ursprungs sind verbreitet. Auch Netzfischerei ist üblich. In Küstennähe werden gelegentlich auch Fischreusen gebaut. Frauen sind von allen diesen Tätigkeiten ausgeschlossen.

In alten Zeiten benutzten die Festland-Cuna zur Jagd Pfeil und Bogen sowie das Blasrohr; wie viele andere Kulturgüter sind sie seit langem nicht mehr in Gebrauch und durch das Gewehr ersetzt worden.

Als Jagdbeute kommen vor allem in Betracht Tapir, Pekari, Aguti, einige Affenarten, Iguanos und wenige Vogelarten. Mit Ausnahme von mit Blättern bedeckten Grubenfallen für Tapire sind sonst keine Fallen gebräuchlich.

Bemerkenswert in diesem Zusammenhang ist, daß die Cuna eine feste Einteilung von eßbaren und nicht eßbaren Tieren kennen, die streng befolgt wird. So sind z. B. Enten, Papageien, Sittiche und Tukane genießbar, nicht aber Schwalben, Spechte, Pelikane, Raben, Uhus, Störche und Baumeulen.

Den vielen genießbaren Tieren des Meeres – von Alse, Aal, Heilbutt, Sägefisch, Bonettfisch bis Krabbe, Languste, Schildkröte usw. – stehen eine Anzahl verbotener Fische und Seemuscheln gegenüber wie z. B. Haifisch, Schwertfisch, Rochen, Tintenfisch, Delphin und Polypen.

Die Tierhaltung spielt bei den heute lebenden Cunas auf Grund eigener Beobachtungen eine nur untergeordnete Rolle. Hunde und Katzen scheinen sehr selten zu sein, häufiger schon Schweine und Hühner. Es handelt sich dabei um eine kleine, gedrungene und sehr stämmige Schweineart, die über alle Inseln verbreitet ist. Schweine und Hühner werden in besonders abgetrennten Schlägen aus Holz oder Bambusstangen gehalten.

Vereinzelt wurden auch Vögel (Papageien) und kleine Affen zahm angetroffen.

PFLANZUNGSWIRTSCHAFT

Die San Blas-Inseln sind Koralleninseln. Infolgedessen gibt es auf den oft stark übervölkerten Atollen weder Trinkwasser noch genügend Raum für die Anlage entsprechender Plantagen. Es existieren lediglich zuweilen sandige Küstenstreifen, die für das Wachstum von Kokospalmen gut geeignet sind.

Die Cuna, ursprünglich dem Festland eng verhaftet, seit vielen Jahrzehnten aber zu Inselbewohnern geworden, sind heute noch festlandorientiert durch ihre dort befindlichen Plantagen.

Das Festland gliedert sich in flaches Küstenland, welliges Bergland und unkultiviertes Urwaldgebiet.

Das flache Land, unmittelbar hinter einem schmalen Küstensaum, besitzt stark lehmige Böden, wie es auch für andere tropische Regengebiete typisch ist. Zahlreiche Kokospalmen wachsen hier, und das Land dient zum Anbau von Bananen, Mais, Reis, Ananas usw. Dem Boden mangelt es vor allem an Kalk, Kalium und Phosphor, so daß nach einigen Jahren die Ernten nicht mehr zufriedenstellende Ergebnisse bringen.

Das Bergland wird mit den Hängen ebenfalls für die Anlage von Plantagen benutzt, dient aber auch als Sammelgebiet für eßbare Früchte und Samen sowie für Feuerholz und bestimmte Medizinalpflanzen, die im Ritual und Heilwesen der Cuna eine wichtige Rolle spielen.

Es schließt sich unkultiviertes Urwaldgebiet an, das ebenfalls noch als Reservoir für Holz- und Medizinalpflanzen dient. In diesem Bereich wird – wenn überhaupt noch – gejagt. Die Jagd ist aber – wie an anderer Stelle angedeutet – heute zu einer mehr sporadischen als kontinuierlichen Form des zusätzlichen Nahrungserwerbs geworden.

Die Anlage einer Pflanzung erfolgt im Brand-Rodungssystem, wie es z. B. auch für die indianischen Gruppen des tropischen Amazonien typisch ist. Hölzerner Grabstock, Axt bzw. Machete sind dabei die wichtigsten Geräte. Zwischen den stehengebliebenen Stämmen bzw. Resten der umgeschlagenen bzw. abgebrannten Urwaldbäume werden die neuen Stecklinge oder Knollen gesetzt.

Infolge der baldigen Erschöpfung der Felder müssen Plantagen ständig neu angelegt werden, und es kommt häufig vor, daß einzelne Plantagen weit auseinanderliegen. Während meines Aufenthaltes bei einer Cuna-Familie hatten wir z. B. erst eine Einbaumfahrt von drei Stunden und eine Fußwanderung von einer halben Stunde durch den Urwald zu bewältigen, bevor die Pflanzung erreicht war.

Nach allen Berichten können wir davon ausgehen, daß bereits in präkolumbischer Zeit ein reger Handelsaustausch zwischen dem nordwestlichen Südamerika und den Chibcha-Stämmen des Isthmus bzw. der Landschaft Darien bestand und daß die Tatsache des Fernhandels auch schon relativ früh zur Kenntnis spanischer Siedler gelangte.

Die wichtigste Verbindung nach Nordwesten scheint ein Pfad aus dem Bereich des mittleren Rio Cauca – via Atrato – nach dem Golf von Urabá gewesen zu sein. Auf ihm gelangten u. a. Schmucksachen aus Gold, vor allem Nasenschmuck, im Austausch gegen indianische Dienerinnen, Pekaris, Fische und Salz, Baumwollstoffe und bearbeitete Stücke aus Gold nach dem Norden und Nordwesten. Diese Route Cauca – Urabá war Teil des großen Handelsweges, der das Land der Muisca auf der Hochfläche von Bogotá mit den Völkern des Isthmus und des südlichen Mittelamerika verknüpfte.

Das Gold stammte offenbar aus dem Minenzentrum Buritica, das im heutigen Departamento Antioquia der Republik Kolumbien lag und erstmals von dem Lizentiat und Konquistador Juan de Vadillo 1538 besucht wurde. Seine Aufzeichnungen sind im Geschichtswerk des Gonzalo Fernandez de Oviedo enthalten. Bereits Nuñez de Balboa hatte 25 Jahre früher von diesen reichen Minen gehört, ohne sie jedoch exakt lokalisieren zu können.

Der Handel spielte bei den Cuna seit den ersten Tagen des Kontaktes mit Europäern eine wichtige Rolle, und es bestand seit jeher die Neigung, Geräte und Besitz der Weißen für den eigenen Bedarf zu nutzen, um dadurch auch persönlichen Reichtum zu demonstrieren.

Auch von den Indianern des Darien wird bereits im 16. Jahrhundert berichtet, daß sie Gold, Salz, gesalzene Fische, Muscheln, Fäden für die Herstellung von Hängematten und Sklaven zu tauschen hatten. In den folgenden Jahrhunderten wurden die Handelsbeziehungen zwischen Indianern und Spaniern durch meist kriegerische Auseinandersetzungen ersetzt. Erst in der zweiten Hälfte des 19. Jahrhunderts begann wieder ein Tauschhandel, der sich zunächst vorwiegend zwischen englischen und amerikanischen Schiffsbesatzungen einerseits und den Küsten-Cuna andererseits abspielte. Eingetauscht wurden Macheten, Eisentöpfe, Emaillewaren, Porzellan, Tuche und Perlen. Als Tauschware dienten den Cunas Kokosnüsse, vegetabilisches Elfenbein (Nüsse der Elfenbein- oder Steinnußpalme), Kakao, Gummi, Schildkrötenpanzer.

Mit dem Beginn des 20. Jahrhunderts begann sich der Handel erheblich zu intensivieren und auszuweiten. Der weitaus wichtigste Handelsartikel der Cuna ist heute die Kokosnuß, von der jedes Jahr Millionen vor allem nach Kolumbien abgesetzt werden. Die San Blas-Kokosnüsse sind von hervorragender Qualität, und seit etwa 80 Jahren erfolgt ein systematischer Anbau der Pflanze. Heute bezieht fast jede Familie ein gewisses Einkommen aus dem Kokosnußhandel und aus der Herstellung und dem Verkauf von Kopra. Bis in die Mitte der vierziger Jahre erfolgte der Verkauf von Kokosnüssen an panamesische Händler, die eigens dafür mit Booten und Schiffen die einzelnen Inseln aufsuchten. Heute geht ein erheblicher Teil der Ernten an kolumbianische Händler, die ebenfalls mit kleinen Handelsbooten aus dem nordkolumbianischen Küstengebiet die Inseln der Comarca de San Blas anlaufen.

Die Palme beginnt im fünften oder sechsten Jahr zu tragen, und die besten Ernten werden bei Pflanzen erreicht, die 10 bis 15 Jahre alt sind. Die Palme liefert für etwa 35 bis 40 Jahre Ernten. Jede Palme ergibt etwa 10 Büschel pro Jahr, und ein gutes Büschel verfügt wenigstens über 12 Kokosnüsse, die innerhalb von 8 bis 10 Monaten reifen. Im allgemeinen erfolgt die Ernte auf natürliche Weise, d. h. die Büschel werden nicht abgeschnitten, sondern man wartet, bis die Nüsse abfallen.

Darüber hinaus werden Früchte (Bananen, Avocado), das Schildpatt großer Seeschildkröten, Kautschuk und Tierhäute (Kaiman) gehandelt. In seltenen Fällen kommt es auch zur Auslieferung von Seetieren (Langusten), sofern die Möglichkeit eines raschen Transportes nach Panama-City besteht.

In den letzten Jahrzehnten ist der Tauschhandel durch Geldhandel ersetzt worden. Durch die stetig zunehmende Bedeutung des Anbaus von Kokospalmen einerseits wie durch das Kennenlernen des Geldwertes durch die Cuna andererseits erfuhr das Leben insoweit eine grundsätzliche Änderung, als dadurch der einzelne Reichtum erwerben konnte und damit größeren Einfluß auch auf die Gesellschaft auszuüben vermochte. Die Bedeutung des Geldes in der Cuna-Gesellschaft dokumentiert sich in der Tatsache, daß etwa seit 1920 die Schamanen für ihre Tätigkeit vom einzelnen mit Geld bezahlt werden. Sprachlich stammt das Cuna-Wort „mani" offensichtlich vom amerikanischen „money".

Da die Cuna seit jeher sehr gastfreundlich waren, bedeutete es eine gewaltige Veränderung ihrer Einstellung, als man begann, für Lebensmittel Geld zu nehmen. Dieser Wandel machte auch vor altüberlieferten Formen nicht halt: War es früher üblich und selbstverständlich, daß der Schwiegersohn durch eigene Arbeit seine Schwiegereltern unterstützte, so kann er dies seit einiger Zeit mit Geld abgelten; war es früher für den einzelnen – außer in Krankheitsfällen – unausweichlich, an allen Gemeinschaftsarbeiten teilzunehmen, so kann er heute sein Fernbleiben von der Arbeit mit Geld ersetzen.

Der ständig wachsende Handel einerseits wie die sich laufend steigernden Wünsche nach Objekten der „Anderen Welt" führten in der Cuna-Gesellschaft zu einer Überbewertung des Geldes schlechthin. Besitzdenken und das Trachten nach Gelderwerb bedingten wesentliche Kulturveränderungen. Infolge der Wichtigkeit des Handelsartikels Kokosnuß kommt es darauf an, möglichst viele Kokosnußpalmen zu besitzen oder anzupflanzen. Dem haben sich alle anderen Gesichtspunkte unterzuordnen. Besaßen die Cunas noch am Beginn dieses Jahrhunderts in ihren Plantagen erhebliche Mengen z. B. an Zuckerrohr, so wird man heute fast durchweg nur noch kleinste Bestände vorfinden, da inzwischen über andere Kanäle bzw. Handelsbeziehungen der notwendige Bedarf an Zucker gedeckt wird und die eigene Rohzuckererzeugung sich als wenig praktisch und lukrativ herausgestellt hat. Die dafür investierte Zeit ist besser zu verwenden. Im Einzelfalle führt das zu solchen extremen Auswirkungen, daß der Anbau und der Genuß von eigenem Rohzucker das Ansehen und den Ruf des Betreffenden zu beeinträchtigen in der Lage ist.

Aber auch im wirtschaftlichen Zusammenspiel der beiden Geschlechter ergaben sich wesentliche Verschiebungen: Früher gehörte es zu den Aufgaben der Männer, vor allem die schweren körperlichen Arbeiten in der Pflanzung zu übernehmen, während alle folgenden, leichteren Pflanzungsarbeiten von der Frau erledigt wurden. Seit dem Einstellungswandel im Hinblick auf den Gelderwerb hat sich die Frau weitgehend aus den pflanzerischen Tätigkeiten zurückgezogen, und der Mann hat ihre ursprünglichen Aufgaben mit übernommen. Die Frau verlegte sich darauf, außer der Kinderaufzucht Materialien anzufertigen, die verkaufsfähig sind. Dazu gehören u. a. Körbe, Küchengegenstände, Ketten aus Samen, Früchten, Muscheln und Tierzähnen, Puppen und vor allem das Sticken von molakana. Die Anfertigung von Hängematten, die noch bis vor wenigen Jahren eine Rolle spielte, wird heute nur noch von ganz wenigen Frauen ausgeübt, da selbst die entferntesten Inseln von kleinen Handelsbooten angelaufen werden, die z. B. im Tausch oder Kauf wesentlich günstiger industriell gefertigte Hängematten aus Kolumbien anbieten.

SOZIALE UND POLITISCHE STRUKTUREN – LEBENSZYKLUS – GLAUBENSVORSTELLUNGEN

Die heute noch im Stammesverband lebenden Cuna haben erstaunlich viel von ihrem alten Brauchtum bewahrt, und es scheint so, als ob auch die heranwachsende Generation Bewährtes weiterhin beibehalten wird.

Üblich ist die Einehe; der Mann zieht in das Haus der Frau. Die frühere soziale Schichtung in mehrere Klassen ist weitgehend ersetzt worden durch Anhäufung von Besitz und Hervorhebung besonderen Traditionsbewußtseins.

Dem gewählten Dorfkaziken stehen eine Reihe von Gehilfen für besondere Aufgaben zur Verfügung. Darüber hinaus werden die sozialen Strukturen der größeren Dorfgemeinschaften durch Persönlichkeiten repräsentiert, die jeweils für bestimmte Arbeiten oder Arbeitsvorgänge dem Dorfkaziken gegenüber verantwortlich sind.

Die Organisation der Arbeit ist differenziert nach Geschlecht und Stellung des einzelnen in der Gesellschaft, und es werden fünf Formen unterschieden: a) das Mithelfen, b) Spontanes Helfen, c) Arbeit auf Gegenseitigkeit, d) Gemeinschaftsarbeiten, e) Arbeiten für Geld.

In der dörflichen politischen Organisation existiert eine echte Hierarchie: dem Häuptling (Kaziken) sind Juniorchefs, Ausrufer, Dorfoffizielle und Polizisten zugeordnet. Der Kazike steht auch den nächtlichen Versammlungen der Männer im Versammlungshaus (Congreso Local) wie auch dem Congreso Tradicional (für Frauen und heranwachsende Mädchen) vor, bei denen nicht nur wichtige Tagesereignisse, sondern auch die Kenntnis um alte Mythen, Legenden und geschichtliche Vorgänge verbreitet und ausführlich diskutiert werden.

Aus verschiedenen Dörfern wird jeweils ein Oberhäuptling oder Cacique General gewählt, der als Abgesandter die Dörfer auf dem meist zweimal im Jahr stattfindenden General-Kongreß vertritt. Dieser General-Kongreß hat gesetzgeberische Befugnisse, und die Gesetze weichen von den panamesischen teilweise erheblich ab.

Im Lebenszyklus der Cuna hat sich gegenüber früher offenbar wenig verändert: Bereits während der Schwangerschaft bedarf es der Beachtung besonderer Speiseverbote für Mann und Frau, damit dem Kind nichts geschehe. Die Geburt findet nach wie vor unter besonderen Vorsichtsmaßnahmen statt; Hebamme und Schamane assistieren kundig. Das Hindurchfallenlassen des Neugeborenen durch eine Öffnung in der Hängematte soll mehr und mehr ersetzt worden sein durch eine Niederkunft auf dem Boden der Hütte in sitzender Stellung. Im Anschluß an die Geburt begibt sich der Mann für mehrere Tage in Couvade, d. h. in ein Männerkindbett, und wird während dieser Zeit von den Angehörigen gepflegt.

Die früher sehr ausgedehnt gefeierten Pubertätsfeste der Mädchen, bei denen zunächst eine Seklusion in besonders gebauten Blatthütten, ein Abschneiden der Haare, Waschung und anschließendes Bemalen des ganzen Körpers mit blau-schwarzer Farbe erfolgte, werden heute noch begangen. Der Genuß aus Maniok und Zuckerrohr bereiteter alkoholischer Getränke spielt dabei wie seit je eine ganz besondere Rolle. – Festlichkeiten bei der Pubertät der Knaben existieren nicht.

Ist ein Cuna verstorben, so setzt für die folgende Nacht und den folgenden Tag laute Klage von seiten der Angehörigen ein, die erst verstummt, nachdem der Leichnam in eine Hängematte eingewickelt worden ist. Der Verstorbene wird dann mit einem Kanu an das Festland gebracht und auf dem Begräbnisplatz des Dorfes beigesetzt. Speisen, persönliche Gebrauchsgegenstände, bei Frauen auch Küchengeräte, dienen als Grabbeigaben.

Der tägliche Lebensrhythmus der erwachsenen Cuna verläuft – von außergewöhnlichen Belastungen abgesehen – gleichmäßig und gleichförmig, stellt aber hohe Ansprüche an Energie und

Durchhaltevermögen in einem klimatischen Milieu, das leicht zu Lethargie und Schlaffheit verführt. Der Mann geht der schweren Tätigkeit in der Pflanzung, dem Fischfang oder der Jagd nach, während die Frau auf ihre Weise nicht minder hart arbeitend für den Lebensunterhalt der Familie beisteuert.

Angefügt werden soll, daß die Cuna gute Seefahrer sind und über seetüchtige Einbäume, z. T. mit Besegelung, verfügen. Das Rohmaterial stammt vom Festland.

Im geistigen Bereich der heutigen Cuna sind offenbar indianische, europäische und schwarz-afrikanische Elemente miteinander zu einem Synkretismus verschmolzen. Es existieren zwar eine Reihe von Gottheiten, die aber nicht kultisch verehrt werden, sondern die man in Gesängen als Schöpfer erwähnt und lobt.

Alle Lebewesen und Dinge der Natur besitzen nach dem Glauben der Cuna verschiedenartige Kräfte: das Lebensprinzip ,,niga", das mit dem Tode entweicht, die einzelnen Seelen ,,purbakana" (Einzahl ,,purba") der Körperteile, die zusammen erst eine unsichtbare Ganzheit des Menschen darstellen, und die nach dem Tode in das Jenseits reisen um dort, abhängig von der Todesart, unterschiedliche Plätze einzunehmen, und die Kraft ,,kurgin", die durch Medizinen gestärkt werden kann. Dies gilt besonders für sexuelle Potenz, Fleiß und Tapferkeit.

Gewissen hölzernen Fetischen werden übermenschliche Kräfte zuerkannt, die auch im Schamanen lebendig werden und ihn zu entsprechenden Tätigkeiten befähigen können.

Die Schamanen und Zauberpriester spielen eine wichtige Rolle auf dem Gebiet der Heilung. Sie bedienen sich als Mittler kleiner, geschnitzter, menschenähnlicher Holzfiguren (uchus). Für jede Krankheit und jedes Gebrechen, für die ursächlich böse Geister verantwortlich gemacht werden, gibt es bestimmte Holzarten. Aufgabe des weiblichen oder männlichen Schamanen ist es, das richtige Holz und die notwendige magische Formulierung auszuwählen und unter Verwendung der maraka die Krankheit zu besingen. Dem uchu wird in einem Gesang deutlich gemacht, wohin seine Seele zu gehen habe, um die verlorengegangene Seele des Kranken zurückzuholen. Je nach Holzart kann ein uchu bis zu 8 Seelen haben, die dann üblicherweise aus der vierten Unterwelt die Seele zurückbringen. Dieser Heilungsvorgang wird durch den Rauch von Kakaobohnen und Pfefferschoten, aber auch durch das Anmalen von Häuserwänden und uchus mit roter Farbe unterstützt.

Die männliche Potenz und der ständige Beschäftigungsdrang sind weitere hervorstechende Wesenszüge der Cuna. – Ihr Moralkodex umfaßt folgende Ansprüche, die für jeden einzelnen gelten und immer wieder verkündet werden:

nicht töten,
nicht stehlen,
hilfreich sein,
nicht lügen,
nicht streiten,
die Älteren achten und nicht widersprechen,
nicht faul und träge, sondern fleißig und sorgfältig sein,
niemand lieben, der einem anderen gehört,
nichts Unhöfliches sagen oder Anstößiges tun,
nicht übermäßig die Alten betrachten, weil sie es nicht mit Lachen ertragen.

Bemerkenswert ist auch eine Bilderschrift der Cuna, die dem Schamanen bei der Rezitation bestimmter Zaubergesänge als Gedächtnisstütze dient. Es handelt sich dabei um eine Aneinanderreihung bestimmter Zeichen, die vereinfacht Menschen, Tiere und Pflanzen darstellen, Häuser, Geister und Himmelskörper repräsentieren und die Stichworte des Gesanges angeben.

Ursprünglich wurden die Zeichen mit Naturfarben auf Holztafeln aufgezeichnet; heute werden sie meist mit erworbenen Farbstiften in einfache Notizbücher gemalt. Die Bilderschrift ist nur von den aufzeichnenden Schamanen lesbar, es gibt also keine allgemein verbindlichen Standardzeichen, da jeder eigene Symbole verwendet.

Bei den heranwachsenden Cuna ergeben sich in jüngster Zeit insoweit Veränderungen, als es auf den ganz wenigen großen Inseln des Archipels bereits einheimische 5–8klassige Schulen gibt. Ein Teil der Erziehung wird damit aus der Familie an die Schule abgegeben, die mit Hilfe indianischer Lehrer versucht, eigenständiges Wissen, Stammestraditionen und moderne Auffassungen zu vermitteln.

KLEIDUNG UND SCHMUCK

Die Art von Kleidung und Schmuck war in früheren Zeiten abhängig vom Status des Trägers. Nach den alten Berichten trugen die Darien-Indianer Penis-Bedeckungen aus den Materialien Muschel, Reet oder Gold.

Die Frauen waren in Wollröcke gekleidet, die sich bei einfachen Dorfangehörigen bis zu den Knien und bei den Frauen der Häuptlinge und Anführer bis zu den Knöcheln erstreckten.

Beide Geschlechter legten Goldschmuck an, wobei die Stellung des Mannes innerhalb der Gesellschaft maßgebend für die Reichhaltigkeit und Form des Schmuckes auch für die Frau war. Neben goldenem Gesichtsschmuck (Nasen-, Ohrschmuck) wurden Brust-Gehänge, Helme und Beinschienen getragen, während den Frauen höheren Ranges, vor allem im Gebiet des Golfes von Urabá, eine Art von Brusthalter aus Gold zustand. Die Muster der Körperbemalungen waren ebenfalls abhängig von der Stellung des Betreffenden in der Gemeinschaft. Zahlreich waren die Schmucksachen aus anderen Materialien: Muscheln, Perlen, Tierzähnen, Fruchtsamen usw.

Es ist zu vermuten, daß sich die Kleidungsmode grundsätzlich während oder nach der Zeit der kurzen schottischen Besiedlung eines kleinen Küstenstreifens im Gebiet des heutigen San Blas änderte. Wallace berichtet darüber und bemerkt, daß die Cuna früher immer nackt gegangen seien, daß sie jetzt aber angezogen seien „wie wir“. Ob sie Hemden und Hosen trugen, die sie möglicherweise durch Kontakte mit Schotten und/oder weißen Piraten erhielten, bleibt offen.

Um die Mitte des 19. Jahrhunderts war jedenfalls der Handel mit Hosen und Hemden unter den küstenbewohnenden Gruppen sehr verbreitet, und 1868 trugen die meisten männlichen Küstenbewohner knielange Hosen, während die Gruppen im Inneren von Darien noch weitgehend unbedeckt waren und keinerlei Kontakte mit der europäisch-amerikanischen Außenwelt hatten. Etwa seit dieser Zeit begannen die männlichen Küstenbewohner, sich auch kurzärmlige Hemden aus eingehandelten weißen Stoffballen zu nähen, die sich an amerikanischen Modellen orientierten. Diese Hemden werden heute noch von einigen wenigen Frauen und Männern hergestellt. Im übrigen aber haben sich die Männer dank ihrer Kontakte mit den Amerikanern in der Kanalzone innerhalb des letzten halben Jahrhunderts weitgehend dem Kleidungsstil der Weißen angepaßt.

Innerhalb der männlichen Kleidung sind die Filzhüte noch besonders zu erwähnen. Als schottische Missionare am Ende des 17. Jahrhunderts für kurze Zeit unter Cunas lebten, verteilten sie als Gastgeschenke Hüte an die örtlichen Würdenträger. Der Hut wurde zu einem Statussymbol innerhalb der Cuna-Gesellschaft. Ein Cuna-Mann ohne Hut bei offiziellen Anlässen galt viele Jahrzehnte hindurch als unschicklich. Selbst heute noch wird bei bestimmten Anlässen (Krankenheilung, Zusammenkunft der Häuptlinge usw.) der Filzhut als integrierter Bestandteil männlicher Kleidung getragen.

Die traditionelle Kleidung der Frau ist die mola-Bluse, auf die in anderem Zusammenhang ausführlicher eingegangen wird.

Ein weiteres traditionelles Kleidungsstück der Cuna-Frau ist das rote Kopftuch (tunuedi). War zunächst die Meinung vorhanden, daß das Kopftuch eigenständig sei, ist heute die Ansicht verbreitet, daß es wahrscheinlich auf spanischen Ursprung zurückgeführt werden muß. Die Kopfbedeckung wird erstmalig in der Zeit der schottischen Landnahme erwähnt und ist vermutlich später von Händlern standardisiert worden.

Die ursprünglich vorhanden gewesenen goldenen Nasenringe und Ohranhänger der Männer dürften wohl in der Mitte des 19. Jahrhunderts aufgegeben worden sein, denn zu dieser Zeit werden nur die Frauen als Nasenringträger erwähnt. Möglicherweise hing das Verschwinden dieses Männerschmucks mit der Tatsache des allgemeinen Anheuerns und den Diensten auf Schiffen zusammen. Ganz im Gegensatz dazu besitzt Goldschmuck bei den Cuna-Frauen steigendes Interesse, und zwar nicht nur als Besitz, sondern auch zur Schaustellung des Reichtums.

Ähnlich wichtig für die Frauen sind Münz-Ketten, die zunächst aus Goldstücken, dann aus Silbermünzen bestanden. Cullen erwähnt diese Münzketten 1853. Es gab Handelsschoner, die sich damals auf den Tausch, später auf den Verkauf von Goldschmuck spezialisierten. Seit Jahrzehnten wird der Bedarf an Münzen häufig direkt in den wenigen panamesischen Städten gedeckt.

Bereits Wafer hat im 16. Jahrhundert von den schweren Ketten aus Muscheln und Tierzähnen berichtet, die Männer und Frauen trugen. Bei den Männern verschwanden die Ketten etwa in der Mitte des vergangenen Jahrhunderts, die Frauen begannen in zunehmendem Maße bunte eingehandelte Glasperlen zu verwenden. Heute benutzen die Cuna-Frauen Ketten aus Glasperlen, Samen, Tierzähnen und Muscheln.

Eine weitere Besonderheit des Körperschmucks stellen Glasperlen an Unterschenkeln und Unterarmen dar (wini). Cullen erwähnte 1853 als erster Armbänder aus Glasperlen. Im Verlaufe der folgenden Jahrzehnte entwickelten sich offenbar aus diesen ursprünglichen reinen Armbändern noch Handgelenk- und Knöchelbänder. Meist sind es zwei oder drei Perlbänder unterschiedlicher Breite, die oberhalb des Handgelenks beginnen und sich bis wenig unterhalb der Armbeuge erstrecken. Die Knöchelbänder liegen oberhalb des Beinknöchels in einer Breite von 15 bis 20 cm. Orangeweiße bzw. blauweiße Arm- und Beinbänder werden in tradierter geometrischer Musterung angelegt. Es handelt sich hierbei offenbar um eine eigenständige historische Entwicklung.

Die ursprüngliche Körperbemalung gibt es seit langem nicht mehr. Übrig geblieben sind rudimentäre Gesichtsbemalungen der Frauen, die sich in den größeren Inselarealen nur wenig voneinander unterscheiden. So finden sich vor allem Punktierungen und Striche auf Nase und Wange. Darüber hinaus werden die Wangen gern bei festlichen Anlässen rot bemalt oder auch das ganze Gesicht mit Talkum-Puder eingerieben.

Beide Geschlechter trugen ursprünglich lange Haare, bis über die Schultern fallend. Seit der Mitte des 19. Jahrhunderts begann ein Teil der Männer damit – wohl unter dem Einfluß der „Äußeren Welt“ – das Haar mittels eines Kammes zu einem Knoten zusammenzufassen. Heute tragen die Cuna-Männer und -Frauen ihr Haar im allgemeinen topfartig kurz geschnitten.

Federkopfschmuck und Federgürtel, die früher als Insignien der Macht und Würde eine bedeutende Rolle bei Zeremonien spielten, wurden noch bis zum Ende des 19. Jahrhunderts getragen. Während der letzten Jahrzehnte hat der Federschmuck mehr und mehr an Bedeutung verloren; heute ist von dem Kopfschmuck meist nur noch eine einzige Arafeder übriggeblieben, die den Zeremonien-Sänger ziert.

Während die ersten Eroberer dieser Gebiete davon berichteten, daß Kleidung und Schmuck nicht nur ein Gradmesser des Wohlstandes, sondern vor allem eine Frage des Ranges innerhalb einer Klassenordnung war, löste sich diese streng gegliederte Gesellschaft sehr bald nach Ankunft der ersten Spanier auf, und die ehemals vorhandenen gesellschaftlichen Unterschiede verwischten oder nivellierten.

Ein ehemals in Kleidung und Schmuck allein sich manifestierender Standesunterschied ist heute nicht mehr vorhanden.

DIE MOLA

Das Wort mola ist mehrdeutig und bezeichnet in der Cuna-Sprache Kleidung im allgemeinen, Bluse oder Hemd und auch ein appliziertes Einsatzstück. Es soll aber auch die Bedeutung von Wolke und nach anderer Quelle von Blatt haben, wobei das Blatt im weiteren Sinne als Kleidung der Pflanzen zu gelten hat.

Unter mola (Mehrzahl molakana) wird im Hinblick auf die in diesem Band publizierten Objekte ein rechteckiges Blusen-Einsatzstück von appliziertem Stoff verstanden, das von den Cuna-Frauen genäht wird. Es stammt von der Vorder- bzw. Rückseite der Blusen. Die Stoffe werden entweder von kolumbianischen Handelsschonern eingetauscht oder gekauft oder in den wenigen vorhandenen Eingeborenen-tiendas der Inseln erworben.

Nach den Angaben von Nordenskiöld (1938, 1939) und Wassén (1964) betätigten sich auch Männer gelegentlich bei der Herstellung von molakana, insbesondere am Zuschnitt.

Vorder- und Rückseite einer Bluse zeigen im allgemeinen ähnliche Thematik und Zeichen, wechseln zuweilen lediglich in der Farbzusammenstellung. Dominierende Farben sind rot, orange und schwarz, während gelb und weiß häufig als ,,Füllfarben" dienen. Im übrigen ist die verwendete Farbpalette vielfältig.

Es existieren verschiedene Techniken in der Ausgestaltung der Paneele. Häufig beherrschen eine oder mehrere stilisierte Figuren die mola-Platte, während die Zwischenräume mit angepaßten geometrischen Linien gefüllt sind. Diese Technik wird ,,bisu-bisu" genannt (vgl. Abb. 59).

Eine weitere ,,Fülltechnik" wird als ,,tas-tas" bezeichnet und ist dadurch gekennzeichnet, daß kurze, parallel verlaufende Streifen in die oberste Stofflage eingeschnitten sind. Zwischen den beiden obersten Lagen wurden dann farbige Stofflicken eingenäht. Je nachdem ob es sich um horizontal oder vertikal verlaufende lineare Schlitze handelt, erhält die mola jeweils typische Streifengruppen, die als Hintergrund den farbigen Charakter des Kleidungsteiles mitbestimmen (vgl. Abb. 90, 91).

Ähnlich wichtig für die Gesamtwirkung einer mola können kleine Kreise oder Dreiecke sein, die vor allem zur Ausfüllung kleinerer Flächen dienen. Die Innenflächen der ausgeschnittenen Formen sind jeweils mit andersfarbigen Stofflicken gefüllt (vgl. Abb. 49, 87 und F 56, F 57).

Schließlich soll in diesem Zusammenhang noch auf das weit verbreitete Zackenmuster hingewiesen werden, das als oberes Abschlußband, als Schmuckband oder in der alten Form der Abgrenzung oder Umrißdarstellung von Figuren oder Symbolen benutzt wird. Ursprünglich nur in Handarbeit gefertigt, werden heute viele industriell hergestellten Schmucklitzen verarbeitet (vgl. Abb. 146, 164).

Die Typen der molakana sind zahlreich, in den einzelnen Gebieten von unterschiedlicher Wichtigkeit und orientieren sich in der Namengebung an dargestellten Motiven.

Die alte Form der molakana, meist zweilagig und zweifarbig und aus geometrisch-abstrakten Motiven bestehend, wird ,,Großmutter"-mola genannt und überall als Besitz besonders geschätzt.

Optisch kann eine gute mola wie ein Gemälde wirken. Manche molakana erwecken den Eindruck, als ob es sich bei ihnen um eine Pop-Art-mola handeln würde. Die traditionelle Kleidung der Cuna-Frauen ist von bildhafter Anschaulichkeit, die ihresgleichen in der Welt sucht. Die molakana sind mit Ausnahme der auch bei den Cuna vorkommenden Imitationen eine persönliche Schöpfung der Herstellerin und damit eine lebendige künstlerische Form der Selbstdarstellung der Cuna-Frauen.

Die Vielfalt der molakana ermöglicht verschiedene Einteilungsmöglichkeiten.

Die dargestellten Motive können in einheimische und aufgenommene (akkulturierte) Inhalte gegliedert werden. Zu den einheimischen Darstellungen sind zu rechnen traditionelle Symbole, abstrakte Zeichen, Objekte der materiellen Kultur, Darstellungen von Flora und Fauna, Sichtbarmachung von Geistern aus Cuna-Mythen und Legenden und reine Phantasieschöpfungen. Die zweite Quelle wird von Formen, Darstellungen und Objekten aus der Welt der Weißen gespeist und hierher gehören auch die große Zahl von Nachbildungen oder „Nachempfindungen" etwa aus dem Bereich der Werbung, der Zeitschriften, Magazine usw.

Ein weiteres Einteilungsmodell unterscheidet nach den Motiven abstrakte Formen, Szenen des täglichen Lebens oder aus mythologischer Vergangenheit in der Form einer Bilderkunde, spezielle christlich-religiöse Motive, Wiedergaben aus dem politischen Bereich sowie Bildkompositionen, die „westliche" Objekte zum Inhalt haben.

Ein drittes Modell schließlich gliedert nach Stilrichtungen in linienbetonte zwei- oder dreilagige molakana und in solche mit figuraler Dominanz, häufig kombiniert mit reicher Farbenpracht.

Es sei hinzugefügt, daß eine mola oft nicht nur einer dieser Kategorien zugeordnet werden kann, da sie häufig aus der reichen Phanatasie der Herstellerin entsteht, die nicht in derartigen künstlich errichteten Modellen denkt oder gar arbeitet.

Ganz gleich, welche Einteilungsprinzipien bei molakana zugrundegelegt werden, immer können die vorhandenen Darstellungen auf drei gemeinsame Formen zurückgeführt werden: bildhaft – geometrisch – abstrakt. Alle drei Grundformen sind in San Blas traditionell, mehr oder weniger stark bevorzugt oder ausgebildet.

ENTWICKLUNG DER MOLA

Nach allem, was bis heute bekannt wurde, dürfen wir davon ausgehen, daß sich die molakana in der Zeit zwischen 1725 und 1875, d. h. also in einer Periode von etwa 150 Jahren, entwickelt haben. Es scheint sicher, daß noch am Ende des 17. Jahrhunderts ein derartiges Kleidungsstück bei den Frauen Dariens nicht vorhanden war, denn weder Lionel Wafer noch Andagoya haben in den überlieferten Bildern und Texten darüber berichtet.

Pascual de Andagoya, der Darien 1514 erreichte, äußert sich: ,,Die Frauen waren wohl gekleidet in geschmückte Umhänge aus Baumwolle, die bis zu den Füßen reichten, nur Arme und Brust waren unbedeckt.“ Und Wafer führt aus: ,,Sie benutzten keine andere Kleidung als Schurze, die sie sich um die Körpermitte legen, so daß sie ihre Geschlechtsteile verbergen. Solche Schurze werden aus Baumrinden angefertigt“ (1699). Weiter berichtet er über die Körperbemalung der Cuna: ,,Die Frauen sind die Maler. Die Farben, die sie schätzen und benutzen, sind rot, gelb und blau. Sie mischen sie mit einer Art von Öl und geben sie für den Gebrauch in Kalebassen . . . sie benutzen Holzpinsel . . . sie malen Vogelfiguren, Tiere, Menschen, Bäume . . . aber die Darstellungen sind nicht besonders ähnlich jenen, die sie darstellen sollen . . .“

Die unterschiedlichen Kontakte der Cuna mit europäischen Siedlern, Piraten und gelegentlich sicher auftauchenden Händlern mögen zur Entstehung und Entwicklung der molakana beigetragen haben.

Bereits in der Mitte des 18. Jahrhunderts erscheint bemalte Kleidung. Sie mag unter dem Einfluß der kurzen schottischen Landnahme wie auch französischer Hugenotten, die in der ersten Hälfte des Jhds. in San Blas siedelten, eingeführt worden sein; jedenfalls wurde diese Form der Übertragung von Körperbemalung auf gewebte Kleiderstoffe bis weit in die zweite Hälfte des 19. Jahrhunderts allgemein praktiziert. C. S. Kapp konnte noch in den 60iger Jahren dieses Jahrhunderts derart bemalte (Unter)-Kleider (pannueti, picha), die allerdings nicht mehr in Gebrauch waren, sammeln.

Nach der Abwanderung der ehemaligen Festland-Cuna auf die San Blas-Inseln kamen diese Gruppen häufiger mit Handelsschiffen in Verbindung. Obwohl dieser Handel seit vielen Jahrzehnten bestand, führten sicherlich die häufigeren Begegnungen erst zur Einführung wesentlicher Grundmaterialien – wie etwa handelsüblicher Stoffe, Zwirne, Nadeln, Fingerhüte und Scheren – ohne deren stete Nachlieferungen sich die molakana nicht in der vorhandenen Weise hätten entwickeln können.

Die Übertragung der Körperbemalung auf Baumwoll-Untergewänder der Frauen war der Beginn der eigentlichen mola-Entwicklung. Die Kleidung der Frauen bestand zunächst aus einem einfachen, meist dunkelblauen Tuch, das bis zu den Knien reichte und durch einen knielangen Unterrock, der mit geometrischen Symbolen bemalt war, ergänzt wurde.

Während der viktorianischen Zeit kam das Tragen abgenutzter Hemden und Hosen auf, und die Frauen kleideten sich mit weiten hellgefärbten oder indigo-blauen Hemden. Die einfarbigen Hemden wurden nach einigen Jahren am Saum mit einem roten Band verziert. Bald begannen die Frauen die Verzierungen zu erweitern und auszudehnen. An die Stelle der dunkelblauen Tuche traten farbenreiche Stoffe, und die Blusen erhielten Verzierungen in auffallenden Farben entlang der Säume. Es entstanden dort zunächst einfache applizierte Muster, die nach wenigen weiteren Jahren auf die Blusen ausgedehnt wurden.

Seit Beginn des 20. Jahrhunderts benutzten die Frauen angebotene gedruckte blaue Stoffe zu einer Art von Wickelrock, den sie bis zum heutigen Tage tragen, während die verzierten molakana insgesamt erheblich kürzer wurden. Durch das Aufkommen bedruckter farbenreicher Stoffe entfiel für die Cuna-Frauen die Notwendigkeit, ihre Tuche zu bemalen, wie das bei ihrer ursprünglich einfarbigen Gewandung üblich gewesen war.

Die Cuna-Frauen zeigen heute lediglich einen besonderen Ehrgeiz darin, immer wieder Stoffe mit neuen Mustern zu erwerben.

Das ehemals mit geometrischen Mustern bemalte Unterkleid verschwand. Unter dem Wickelrock tragen die Frauen heute noch eine blaue Hose mit kurzen Beinlingen, wohl ein Rest des ehemaligen blauen Hauptkleidungsstückes.

Die molakana sind heute eindeutig das dominierende Kleidungsstück der Frauen.

ANFERTIGUNG EINER MOLA

Es wird auf die nachfolgenden Tafeln der einzelnen Arbeitsgänge verwiesen.

Bestanden ursprünglich die molakana aus reinen Stoffornamenten, so sind auf den seit Jahren angefertigten Erzeugnissen auch kleine und kleinste Detailangaben als Muster zu sehen wie etwa Augen, Nase, Mund, Federn, Knöpfe usw., die als Vorstich, Ketten-, Kreuz-, Stiel-, Hexen- und Festonstich erscheinen. Vermutlich sind für die Kenntnis dieser Spezialstiche die wenigen seit Jahrzehnten bestehenden Missionsschulen verantwortlich.

In diesem Zusammenhang interessiert noch die Dauer der Anfertigung einer mola.

Bei der Vielfältigkeit und unterschiedlichen Qualität dieses Kleidungsstückes ist es nicht verwunderlich, daß allgemeingültige Angaben nicht gemacht werden können. Eine einfache Touristenmola wird zweifellos innerhalb weniger Tage anzufertigen sein; gute mehrlagigie molakana benötigen für die Fertigstellung Wochen und hervorragende Stücke entsprechend wesentlich längere Zeit, zumal die Cuna-Frauen durch viele andere notwendige Tätigkeiten niemals ununterbrochen an einer mola tätig sein können.

APPLIKATION UND STICKEREI-TECHNIKEN

Unter Applikation werden Aufnäharbeiten oder Auflagestickereien verstanden, wobei die Aufnäharbeiten als dominierende Technik bei den molakana zur Anwendung kommen. Dabei werden unterschieden das Aufnähen einzelner Stoffteile und das Unterlegen von Stoffteilen. Das Aufnähen von Stoffteilen auf einen abstechenden Grundstoff stellt eine alte Art der Stoffverzierung dar.

Die Stickereien innerhalb der Darstellungen erfolgten u. a. in Vorstich, Ketten-, Stiel-, Kreuz-, Hexen- und Festonstich.

Vorstich: Der Vorstich gehört zu den einfachsten Grundstichen und läuft geradeaus oder gebogen in einer unterbrochenen Linie von rechts nach links. Die Kehrseite weist ebenfalls eine unterbrochene Linie auf. Die Stichart dient zur Anfertigung von Linien- und Flächenmustern (Abb. F99, F101, F102, F103, F104).

Kettenstich: Beim Kettenstich werden Vollschlaufen aneinandergereiht, wobei die letzte Schlaufe mit einem Vorstich fixiert wird (Abb. F98, F102, F103, F104).

Kettenknötchenstich: Beim Kettenknötchenstich werden einzelne Schlaufen durch Zwischenstiche getrennt (Abb. F98, F104).

Offener Kettenstich: Der offene Kettenstich zeigt eine Schlinge, die als halboffene Schlaufe ausgebildet ist (Abb. F102).

Stielstich: Der Stielstich gehört zu den Grundstichen, der, sorgfältig ausgeführt, einen aufgelegten Schnurzwirn vortäuschen kann. Seine Stickrichtung verläuft von links nach rechts. Auf der Rückseite bilden sich Steppstiche. Der Stielstich dient der Anfertigung von Linienmustern oder als Füllstich (Abb. F103).

Kreuzstich: Der einfache Kreuzstich wird in zwei Richtungen mit entgegengesetzt verlaufenden Diagonalstichen gearbeitet. Er wird für Flächenmuster und Ornamentstreifen benutzt (Abb. F103).

Hexenstich: Es handelt sich um zweifach diagonale Stiche mit jeweils zwei Kreuzungspunkten. Sie dienen u. a. auch für die Befestigung von Ornamentstreifen (Abb. F100, F101).

Festonstich: Der Festonstich wird als Randabschluß oder für Streifen- bzw. Flächenmuster benutzt. Es ist ein einfacher Schlingstich mit halben Schlaufen, die jeweils rechts unten fixiert werden. Die Stickrichtung verläuft von links nach rechts (Abb. F98, F99, F100, F102, F104).

Durch engere Ausführung des Festonstiches wird eine Schattenstich-Wirkung erreicht (Abb. F98, F99).

Entstehung einer mola

Original

Stofflagen
im vertikalen Schnitt

Ausschnitt

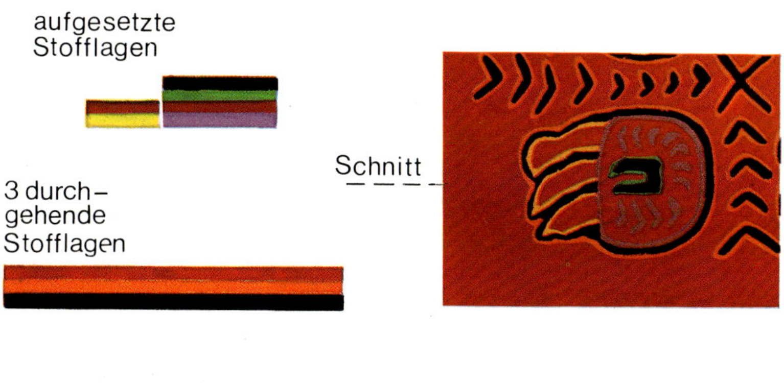

Arbeitsgänge

1. Arbeitsgang

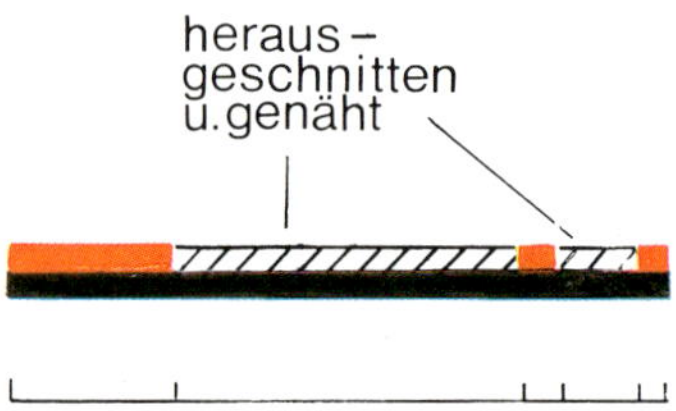

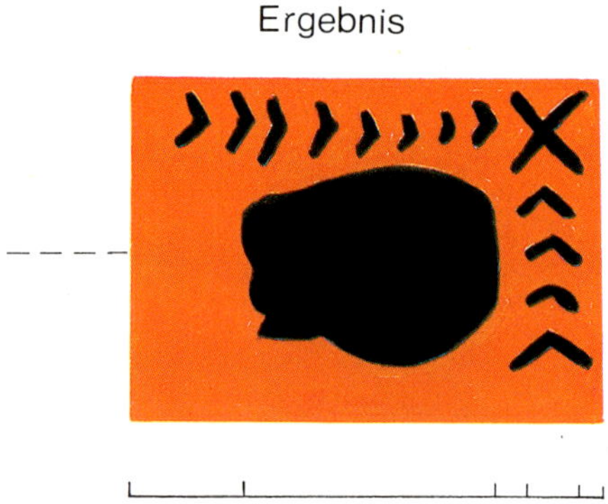

2. Arbeitsgang

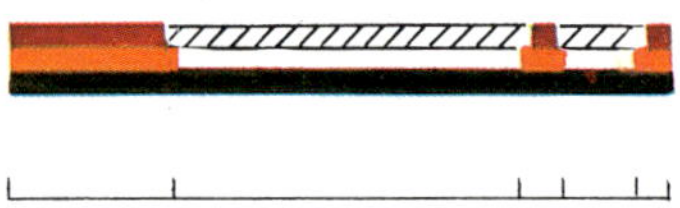

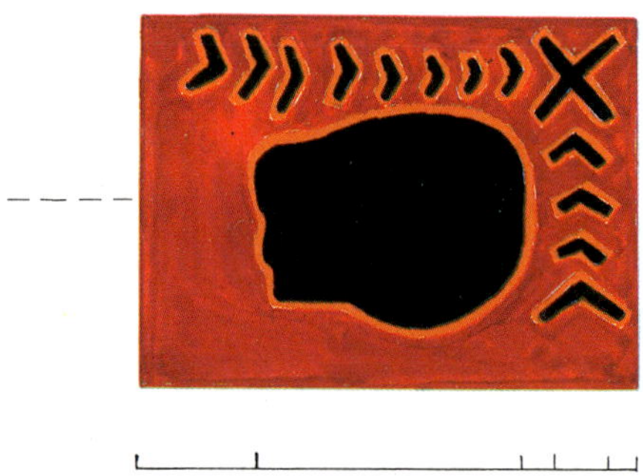

3. u. 4. Arbeitsgang

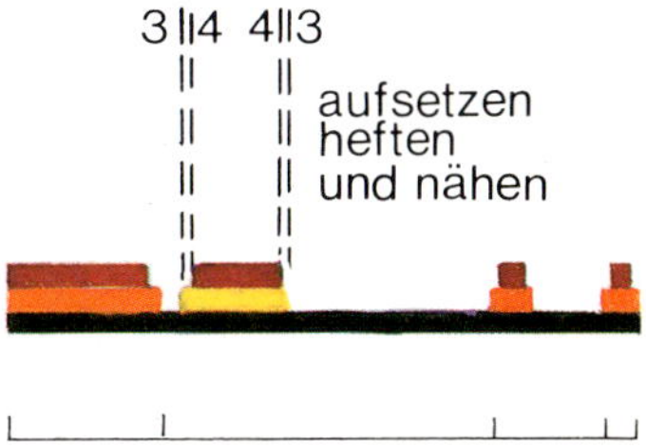

Ergebnis

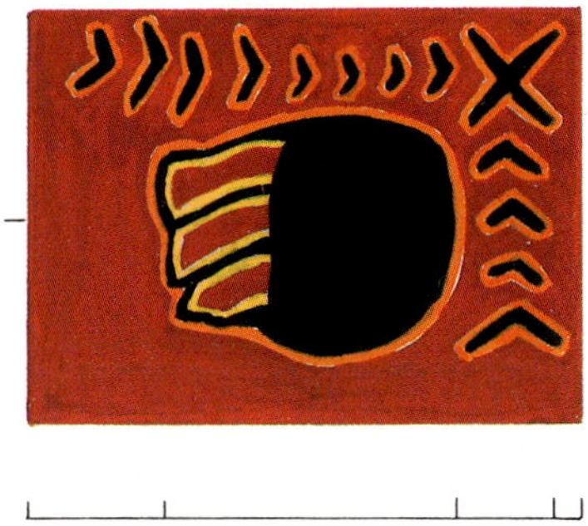

5. Arbeitsgang

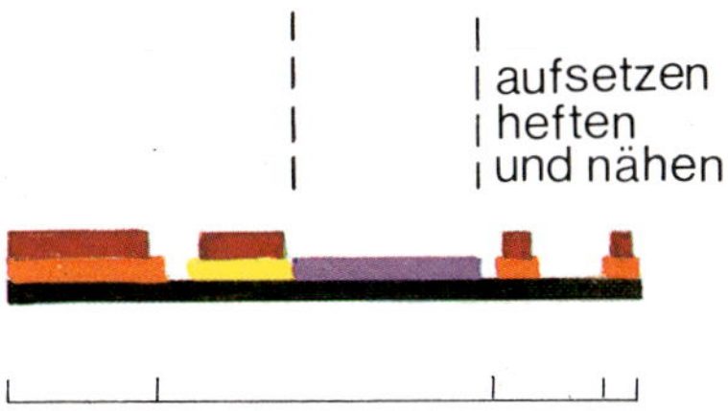

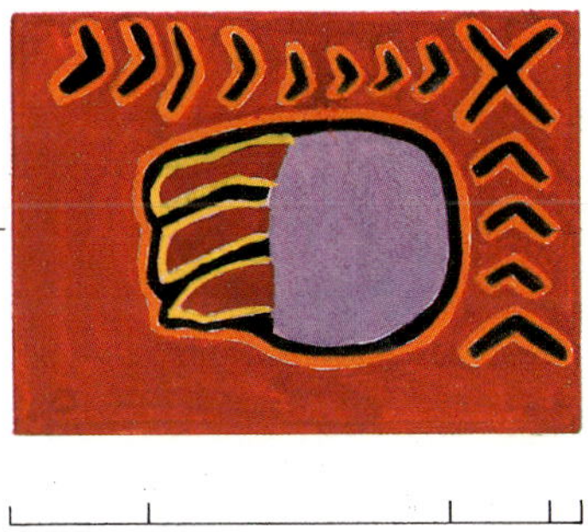

6. Arbeitsgang

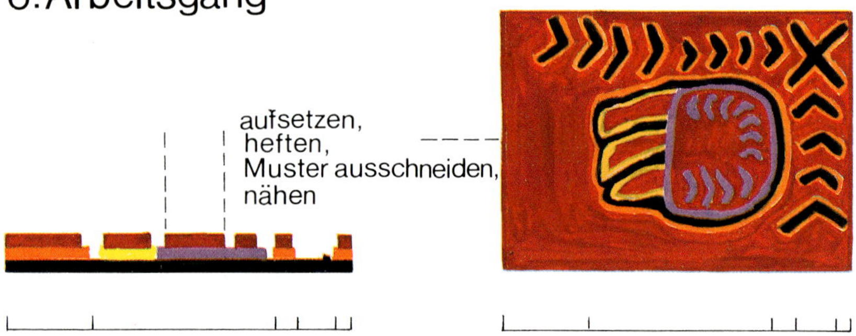

7. u. 8. Arbeitsgang

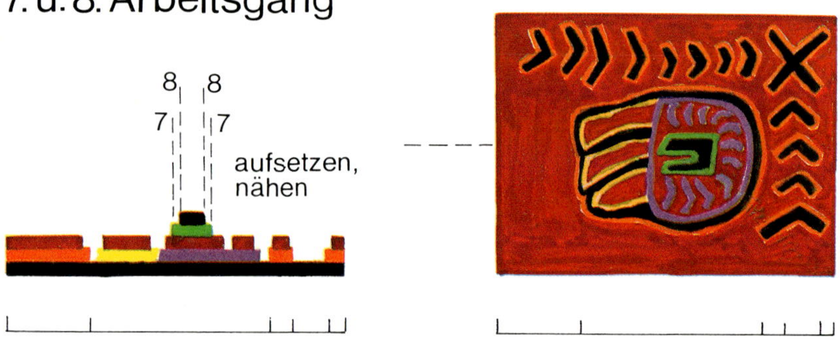

Eine geübte Cuna-Näherin faßt mehrere Arbeitsgänge zusammen, indem sie zusammengehörende Stofflagen gleichzeitig stufenförmig schneidet und näht.

Entwurf: Ursula Hartmann
Zeichnungen: Brigitte Eggert

F 98

F 99

F 100

F 101

F 102

F 103

F 104

Summary

The Cuna are remarkable among the Indians of America for the degree to which, up to the present day, they have functioned as a closed unit, preserving their own language and the integrity of their tribal life.
They have maintained this independence for centuries, in spite of long contact with the White world and in spite of their openness toward the technologies and innovations of American-European civilization. Their receptivity in intellectual and political spheres has been that remarkable kind which allows them to test the usefulness of received values for themselves and to adapt them to their own uses in their social and religious life. This ability, together with a highly developed self-consciousness, an at times bewildering organization of their whole life, and an exceptional sense of communities, characterizes the attitude of the Cuna. In spite of minor local differences in material culture and in certain social structures, they conceive of themselves as one people with a common language. They regard themselves as responsible members of an entire nation, not just a community, and they have successfully resisted challenges to their nationhood, the latest of which occured in the first third of this century.
For decades a woman's blouse decorated with appliqué work has had special significance in the arts and crafts activities of Cuna women. This piece of clothing, called "mola" in the singular and "molacana" in the plural, provides the title for the present catalogue.
The purpose of this publication, as with all previous volumes in this series, is to make comparative material available to scientists and interested laymen and to acquaint them with a collection which has been unfortunately neglected heretofore by museums and by the public at large in Europe.
The molacana described in this catalogue comprise the major part of the collection of Cuna clothing in the **Museum für Völkerkunde** in Berlin.
The oldest molacana in Berlin date back to 1928. They were acquired from the Swedish Baron Erland von Nordenskiöld, who lived with the Cuna during the first decades of this century and who also provided the Ethnographical Museum in Göteborg, for example, with many valuable collections from that area. A larger number of the molacana were purchased at the beginning of the seventies; a considerable number were acquired by the author himself during his stay in San Blas. The Cuna are original inhabitants of the area of Panama known for centuries as Darien. They continue to live in the Caribbean coastal regions of this territory, while the Choco Indians occupy the Pacific coast areas.
The geographical and historical development of the territory can be traced back to the year 1501, when two Spanish ships under Rodrigo Bastidas reached a bay, later called **Nombre de Dios,** in the western part of Darien.
When Vasco Nuñez de Balboa traversed the Isthmus of panama in 1513, the connection between Central and South America was established and the fabulous South Sea was discovered and claimed for the Castilian crown. The bloody conquest of this part of the world had begun.
During the following decades this territory of Central America became a passageway for the transport of treasures of gold, silver and jewels from the far south (Peru). The treasures were shipped to Panama City, founded in 1519 on the Pacific coast, and proceeded from there by an overland trail of about 50 miles (el camino real) to a harbor in the north on Nombre de Dios Bay, where they were loaded for shipment to the Spanish motherland.
The 16th and 17th centuries were characterized by plunderings and pillagings of corsairs, privateers, and buccaneers. In 1698 a group of Scottish Presbyterians reached Darien and founded a small and temporary settlement. French Hugenots settled in the eastern coastal regions of Darien and probably even married Cuna women, but in 1757 all the French colonists who remained were killed off by Indians living along the coast.
In the 18th century, most of the Darien Indians lived inland, along rivers which served as important trade routes.
It was not until the middle of the 19th century that the Cuna began to move in groups from inland areas to the coast and to the coastal islands. As late as 1853 it was reported that most of the San Blas villages were situated on the coast and along the rivers and that only very few Cuna lived on the islands.

The colonization of the islands took place during the last one hundred years. There are three main reasons for this migration from the mainland:

1. the growing importance of the coconut trade,
2. the growing importance of trade with turtle shells,
3. better environmental conditions.

Trade with coconuts and turtle shells was easier to conduct because merchant ships could make port at the coral islands more easily.
In contrast to the villages on the mainland, whose inhabitants suffered extensively from tropical diseases such as malaria and who were also exposed to an extremely hot and humid climate, not to mention attacks from animals both large and small, the islands, lying mostly within easy sight of the coast, offered much more favorable living conditions.
The present main area of settlement of the Cuna, Comarca de San Blas, is an autonomous Indian territory belonging statistically to the province of Colon. It includes the entire eastern part of the Caribbean coast, along with the coastel islands.
The Comarca de San Blas (=territory of San Blas) extends from Cape Tiburon in the east on the Panama-Colombia border to the Rio Mandinga in the west. It is bounded by the Caribbean on the north and by the Cordillera de San Blas mountain range in the south,comprising an area of 3260 Square kilometers (ca. 1253 Square miles).
Other areas inhabited by the Cuna include a reservation on the Bayano river in central Panama, a territory on the Rio Chucunaque in the province of Darien, and a region in the vicinity of the Rio Tuyra, along the three rivers Paya, Pucro, and Capete.
Still another group is settled in Colombia close to Arquia and in the valley of the Rio Atrato. These Cuna, of which several hundred live on the eastern shores of the Gulf of Urabá, have been subjected to drastic losses in population in recent decades.
The original meaning of the name **Cuna** is controversial up to this day, various interpretations of it having been offered over past decades. The suggestions have ranged from its supposed derivation from an ancestral Darien name to that of Nordenskiöld and Wassén, according to which it would mean "center" or "center of the world", "plain" or "lowland".
In the course of history the Cuna have been called by various names, among these Cuna-Cuna, Chucuna, Chicunaque, Canñages, etc. In all of these cases the names clearly have to do with subgroups or with designations of groups selected in associated with geographical features.
It is necessary to make a basic distinction between two groups of Cuna, those who have settled the islands and those who still live on the mainland.
The official census of 1970 numbers 23, 945 Indians living in San Blas, a number which has grown since then.
Among them there is an unusually high percentage of albinos, and these occupy a certain special status in the community.
For the most part the Cuna live in rectangular huts. The windowless walls of these huts are made of bamboo canes and palm fronds and their gabled roofs, standing about four meters in height, are covered with long palm branches.
The basic foods are fish and cultivated vegetables and fruits. Bananas, corn, rice, yucca, batatas, and coconuts are grown on plantations on the mainland.
The original system of barter was replaced by a money-based system of trade at the beginning of the 20th century. The prompt overestimation of money led to, among other things, a thoroughgoing shift in the relations of the sexes.
The elected village chief has a number of aides at his disposal for special tasks. Moreover, the various social structures of larger communities are represented by important individuals who are answerable to the chief for certain tasks and projects.
Work is organized and differentiated according to sex and the social position of an individual, and one can distinguish five different forms of work in general: a) assistance, b) spontaneous help, c) work by reciprocity, d) community work, e) work for money.
In the political organization of the villages there is a real hierarchy. Subordinate to the chief (cazica)

there are junior administrators, proclaimers, village officials, and policemen. The chief also presides over the nightly assemblies for men in the assembly house (Congreso Local) and in the Congreso Tradicional (for women and maturing girls), where not only important daily happenings but also myths, legends, and historical events are disseminated and discussed.

From several villages one major chief or "Cacique general" is elected to represent the villages in the General Congress. This general congress, which usually meets twice a year, has legislative powers and sometimes the laws it enacts differ considerably from Panamanian laws.

In their spiritual life the Cuna seem to possess a syncretism of Indian, European, and Black African elements. These are a number of gods, but these are not the object of cult worship, they are gods who are celebrated as creators in song.

Certain wooden fetishes are said to possess superhuman powers which can enable the shaman or medicine man to perform extraordinary feats.

The word **mola** has several different meanings in the Cuna language. It can denote clothing in general as well as blouses, shirts, or even appliqued panels for such items. It is also supposed to have the meaning **cloud,** and according to another source, the meaning **leaf** (perhaps by extension of the primary sense, according to which leaves would count as the clothing of plants).

In this volume the term **mola** (pl. **molacana)** is to be understood to apply to a rectangular piece of cloth with appliqué work employed by Cuna women in sewing blouses. This panel can belong to either the front or the back of the blouse. The material is obtained from Colombian traders through barter or purchased from them or from one of the few indigenous **tiendas.**

According to Nordenskiöld (1938, 1939) and Wassén (1964), even men sometimes help with the production of molacana, especially with the cutting.

Front and back panels of the blouses generalpy show similar themes and symbols, varying sometimes only in color composition. Red, orange and black are the dominant colors and yellow and white are frequently used as fill-in colors, but the rest of the color palette is also abundantly represented.

Various techniques are applied in the shaping of panels. Frequently one or more stylized figures dominate the mola panel and the spaces are filled with appropriate geometrical patterns. This technique is called "bisu-bisu" (see illustration 59).

Another fill-in technique is called "tas-tas" and it can be identified by short, parallel cuts in the uppermost layer of cloth. Between the two upper layers, colored cloth is then sewn into the cuts. Depending on whether the stripes are horizontal or vertical, the mola gets a typical pattern which serves as background and characterizes its color (see illustrations 90, 91).

Similar effects on the general impression of the mola can be achieved by cutting out small circles and triangles to fill in small areas and by sewing different colors of cloth inside these forms (see illustrations 49, 87 and F 56, F 57).

Finally, mention should be made here of the widely employed zig-zag pattern, used in ties and in decorative borders or in the old forms for borders of figures and symbols. Whereas formerly this border material was always produced by hand, today much of it is industrially produced (see illustrations 146, 164).

There are many types of molacana and they have different significance in different regions. Their names are quite often derived from the motifs they depict.

The old form of the mola, mostly in two layers and two colors and exhibiting geometric and abstract motifs, is called "grandmother" mola and is everywhere considered a prize possession.

A well-made mola can have the optical effect of a painting. Many of them can convey the impression of being pop-art, in fact. This traditional clothing of the Cuna women has, at the same time, an incomparable degree of plasticity, with the exception of imitations, which occur even among the Cuna themselves, the molacana are personal creations and are not only self-expressions of the Cuna women who create them, but are a living art form as well.

In view of the variety of molacana, a number of classifications are possible.

The motifs represented can be divided into those whose content is native and those whose content is adopted (acculturated). To be counted as native are traditional symbols, abstract signs, objects of the material culture, and representations of flora and fauna, of ghosts from Cuna myths and legends, and of pure creatures of fantasy. The second kind originates from forms, images, and objects of the white man's world, and it is to this second category that one most relegate the great number of productions modeled after or at least derivative of material in advertisements, magazines, and so on.

Another method of classification would distinguish motifs according to whether they present abstract forms, scenes of everday life or scenes from the mythological past, specifically Christian ideas, representations of political happenings, or pictorial compositions having "western" objects as their content.

Finally, a third scheme of classification would distinguish along lines of style, separating the two or three layered molacana with an emphasis on linear design from those in which some kind of figure is dominant, the latter also commonly displaying a rich use of color.

It should be added here that a given mola often cannot be assigned exclusively to one of the categories above, since it results often as not from the pure fantasy of a creator who neither plans nor executes her work in terms of these categories.

Regardless of which scheme of classification is used, however, one can clearly tell of a given mola whether it is pictorial, geometrical, or abstract. All three of these basic forms are traditional in San Blas, the one or the other more or less preferred or developed.

How did the mola develop?

As far as we can tell today, we can assume that the molacana developed in the 150 years between 1725 and 1875. It seems certain that up to the end of the 17th century such pieces of clothing were unknown to the women of Darien, since neither Lionel Wafer nor Andagoya makes any reference them, either in writings or in sketches.

Painted clothing appears in the middle of the 18th century. This may have been introduced under the influence of the short Scottish occupancy, or under that of the Hugenots who settled in San Blas during the first half of the century. In any case, this form of transfer from body painting to the painting of woven cloth was practiced generally until well into the second half of the 19th century. As late as the 60's, C. S. Kapp was able to collect such painted petticoats and dresses (pannueti, picha), although to be sure they were no longer in use at the time.

After the continuing migration of the mainland Cuna to the San Blas islands, they came into more frequent contact with trading ships. Although this trade had already existed for decades, the more frequent visits of the traders surely led to the introduction of basic new materials – cloth, thread, needles, and scissors among others – without which the molacana could not have developed in the way that they did.

The transfer of body painting onto cotton petticoats marked the beginning of the development of the mola. At first the women's clothing consisted of a simple cloth, mostly of dark blue, which reached to the knees. This wear was completed by a knee-length undergarment painted with geometrical symbols. During the Victorian period the wearing of worn out shirts and pants became popular and the women dressed in wide, light-colored or indigo blue shirts. After a few years the one-color shirts were decorated with red ribbon along the seam. Soon the women began to expand upon these decorations. The dark blue cloth was replaced by colorful material and the blouses received ornamental trim in striking colors along the seams. Thus arose simple appliquéd patterns, confined at first to the trim, after a few years extended to the whole blouse.

Since the start of the 20th century, the women have used the available printed blue material as a kind of wrapover skirt, and in the meantime the appliquéd molacana have become substantially shorter. With the availability of colorful, printed material, the necessity of painting cloth, as was previously the custom, has disappeared.

If the Cuna women are beset by any ambition today, it is the ambition of acquiring cloth with ever new patterns.

The petticoat painted with geometrical patterns has also disappeared. Today under their wrapover skirts the women wear blue pants with short legs, no doubt a vestige of the former chief item of dress. The mola is clearly the dominant item of apparel for Cuna women today.

Resumen

El hecho que los indios Cuna ocupan una posición especial dentro de los pueblos indios americanos se debe a que, hasta la fecha presente, forman una unidad cerrada con idioma propio y una vida tribal intacta en alto grado.
A pesar de que, sobre largo tiempo, existieron contactos con el mundo de los blancos y a pesar de su apertura hacia todas las técnicas e innovaciones de la civilización americana-europea los Cuna consiguieron, durante siglos, la conservación de sus propiedades características.
Ellos disponen de una notable forma de adaptación en el ámbito político espiritual que los capacita para examinar valores experimentados en su utilidad y, en el caso dado, integrarlos modificados en su ámbito social y religioso-cultural. Esta capacidad, junto con una fuerte conciencia formada de su propio valor, una forma de organización de toda su vida que casi nos perturba y un notable sentido de comunidad caracterizan la postura de los Cuna. A pesar de pequeñas diferencias locales en la cultura material, como, también, en ciertas estructuras sociales, se conciben ellos como un pueblo con una lengua común. No se encuentran ellos sólamente pertenecientes a una comunidad, sino también responsables de su país, que les ha sido disputado en el primer tercio de este siglo por última vez y sin éxito.
La hoy mayor región habitada de los Cuna, comarca de San Blas, pertenece estadísticamente como territorio indio autónomo a la provincia de Colón dentro del estado de Panamá y abraza todo el tramo de costa oriental del mar Caribe incluyendo las islas costeras. La comarca de San Blas (campo de San Blas) se extiende desde el cabo Tiburón en el este a la **frontera panameña-colombiana hasta el río** Mandiga en el oeste; está limitada al norte por el Caribe, al sur por la cadena de montañas de la cordillera de San Blas y abarca alrededor de 3.260 kilómetros cuadrados. Mas regiones habitadas por los Cuna son una reserva en la zona fluvial del Bayano en el centro de Panamá, un área al lado del río Chucunaque en la provincia Darien y una comarca en la zona del río Tuyra a lo largo de los ríos Paya, Pucro y Capete.
Otro grupo puebla la zona del estado colombiano cerca de Arquia y en el valle del río Atrato. Estos Cuna, de los que algunos cientos están domiciliados en la orilla oeste del golfo de Urabá han fisminuido numéricamente.
El significado original del nombre Cuna es hasta hoy cuestionable y ha tenido interpretaciones varias en el transcurso de los pasados decenios; la referencia se remonta desde un viejo nombre de origen de Darien hasta las anotaciones de Nordenskiöld y Wassén donde el nombre Cuna significara ,,centro" o ,,punto central del universo", ,,llanura" o ,,país bajo".
En el transcurso de la historia los Cuna son documendos con diferentes nombres, como Cuna-cuna, Chucuna, Chicunaque, Cañnagas etc. En todos los casos se trata de subgrupos o designaciones de grupos que han sido nombrados refiriéndose a lugares geográficos. En un principio hay que distinguir entre los Cuna isleños y los grupos todavía asentados en tierra firme.
Dentro de la sociedad Cuna es digno de recordarse la alta parte procentual de albinos. Ellos ocupan una cierta posición particular en la sociedad.
Los Cuna viven en cabañas mayormente rectangulares. Las paredes sin ventanas consisten en pilares de cañas de bambú, el techo de dos vertientes de casi cuatro metros de alto esta cubierto con varias capas de palma.
Forman la base de la alimentación pescado y plantas cultivadas. Bananas, maiz, arroz, yuca, batatas y cocos se cultivan en plantaciones ubicadas en tierra firme.
El originario comercio de cambio ha sido reemplazado, en el comienzo del siglo veinte, por comercio de dinero y llevó por la pronta sobrevaloración del dinero también, entre otros, a modificaciones esenciales en el comportamiento entre los diferentes sexos.
A disposición del votado cácique están algunos ayudantes para especiales oficios. Por encima de esto las estructuras sociales de las comunidades aldeanas más grandes están representadas mediante personalidades que frente al cácique son responsables de determinados trabajos o etapas de trabajo.
La organización del trabajo está diferenciada por el sexo y la posición del particular en la

sociedad, se distinguen cinco formas: a) ayuda, b) ayuda espontánea, c) trabajo recíproco, d) trabajo colectivo, e) trabajo por dinero.
En la organización política de la aldea existe una verdadera jerarquía: al jefe (cácique) son agregados jefes menores, pregoneros, oficiales de aldea y policías. El cácique dirige las asambleas nocturnas de hombres en la casa de la asamblea (Congreso local) como también en el congreso tradicional (para mujeres y muchachas adolescentes) en los que no solo se divulgan y discuten ampliamente los más importantes hechos cotidianos sino también acontecimientos históricos. De las diferentes aldeas se vota respectivamente un gran jefe o cácique general que, como delegado, representa los pueblos en el Congreso gereral que tiene lugar, normalmente, dos veces por año. Este Congreso general tiene facultades legislativas y las leyes se diferencian, considerablemente, de las panameñas.
En el ámbito espiritual de los Cuna de hoy están mezclados elementos indios, europeos y negro-africanos entre sí en un sincretismo. Existen un número de divinidades a las que no se veneran en culto religioso sino solo son mencionadas y alabadas en canciones como creadores. A determinados fetiches de madera se les adjudica fuerzas sobrehumanas que también adquieren vida en Chamanes y pueden capacitar a actividades correspondientes.
La palabra mola es ambigua y designa en el lenguaje Cuna vestido en general, blusa o camisa y tambien apliques de adorno. Igualmente debe tener el significado de nube y según en otra fuente de hoja, considerando en este caso la hoja, en el sentido más amplio como vestido de plantas.
Bajo mola (plural molacana), en lo que a los objetos publicados en este tomo se refiere, se considera un aplique de blusa rectangular de una tela de adorno que las mujeres Cuna cosen. Viene de la parte delantera o la trasera de las blusas. Las telas o bien se cambian de los barcos comerciales colombianos o bien se compran o se adquieren en una de las pocas tiendas indígenas existentes en las islas.
Según las informaciones de Nordenskiöld (1938, 1939) y Wassén (1964) también, a veces, los hombres se dedican a la producción de molacanas especialmente en el corte.
Pecho y espalda o parte delantera y trasera de la blusa muestran, en general, temática y signos parecidos y, a veces, solo cambian en la composición colorista. Colores dominantes son rojo, naranja, y negro, mientras que amarillo y blanco sirven muy a menudo como colores de relleno. En lo demás, la paleta de colores es variable.
Existen diversas técnicas de realización de los paneles, a menudo domina una o varias figuras estilizadas del cuadro mola, mientras que los espacios en medio están rellenos de lineas geométricas adecuadas. Esta técnica se llama Visu-visu (compare dibujo 59). Otra técnica de relleno se denomina tas-tas y se distingue por medio de cortas rayas de recorrido paralelo entrecortadas en la superior capa de tela. Entonces entre las dos capas superiores fueron cosidos parches de tela de color. Según si se trata de ángulos lineales de recorrido horizontal o vertical la mola contiene, en cada caso, grupos de rayas típicos que como trasfondo codeterminan el carácter colorista de este vestido (compare dibujo 90, 91). De importancia parecida para el efecto de conjunto de una mola pueden ser pequeños círculos o triangulos que ante todo sirven para el relleno de superficies más pequeñas. Las superficies interiores de las formas recortadas están rellenas en cada caso con zurcidos de tela de otros colores (compare dibujo 49, 87 y F 51, F 57). Finalmente se debe de indicar, en este contexto, el dibujo de zigzag muy esparcido que sirve como cinta de cierre superior, como cinta de adorno, o en la forma vieja de límite o de entorno de figuras y símbolos.
Originalmente solo se produjo el trabajo manual, mientras que hoy se utilizan galones de adorno producidos industrialmente (compare dibujo 146, 164).
Los tipos de molacana son numerosos, en cada región de importancia variada y se le da nombre según los motivos dibujados.
La vieja forma de molacana casi siempre de dos capas y bicolor y consistiendo en motivos geométricos es llamada mola ,,abuela“ y es muy estimada su posesión. Opticamente una mola buena puede parecer una pintura. Algunas molacanas causan la impresión como si se tratase de una mola pop-art, el vestido tradicional de las mujeres Cuna es de una gran claridad gráfica que apenas encuentran parecidos en el mundo. Las molacanas son, salvo imitaciones también

existentes entre los Cuna, una creación personal de la productora y así una forma viva artística de autorepresentación de las mujeres Cuna.
La variedad de molacanas permite diferentes posibilidades de clasificación.
Los motivos representados se pueden clasificar en contenidos indígenas o adoptados (aculturados). Entre las representaciones indígenas se cuentan símbolos tradicionales, signos abstractos, objetos de la cultura material, representaciones de flora y fauna, la visibilización de espíritu de mitos Cuna de leyendas y creaciones de pura fantasía.
La segunda fuente se alimenta de formas, representaciones y objetos del mundo de los blancos y a ello pertenecen gran número de reproducciones influidas del ámbito de propaganda de revista y magazines.
Otro modelo de clasificación divide, según los motivos, formas abstractas, escenas de la vida diaria y del pasado mitológico en forma de una ciencia de imágenes, motivos especiales religioso-cristianos y reproducciones del ámbito político así como composiciones de imágenes que contienen objetos ,,occidentales".
Un tercer modelo, finalmente, se divide según los estilos en molacanas de dos o tres capas subrayando las lineas y en otras con predominio figural muy a menudo combinado con ricos colores.
Hay que añadir que una mola a menudo no puede ser clasificada, según estas categorías, ya que frecuentemente es un producto de la rica fantasía de la productora que no piensa ni trabaja en tales modelos artificialmente construidos.
Sin importar en qué principios de clasificación de molacanas nos basamos, siempre se pueden reducir las representaciones existentes a tres formas comunes: imagen-geométrico-abstracto, estas tres formas básicas están en San Blas tradicionalmente con gran fuerza preferidas o desarrolladas.
¿ Cómo se llegó a este desarrollo de la mola?
Según todo lo que se conoce hasta hoy podemos partir de que la molacana se desarrollo entre 1725 y 1875, o sea en un período de unos 150 años. Parece cierto que a finales del S. XVII un tal vestido no existía entre las mujeres de Darien ya que ni Lionel Wafer ni Andagoya nos pasaron noticias en los textos imágenes y dibujos tradicionales.
A mediados del S. XVIII aparece el vestido pintado. Posiblemente ha sido introducido bajo la corta influencia de la colonización escocesa, como tambien de los hugonotes franceses que, en la primera mitad del siglo, se establecieron en San Blas. En todo caso esta forma de pasar la pintura corporal a telas de vestido se practicó, generalmente, hasta muy entrada la segunda parte del S. XIX. C. S. Kapp podía aún en los años sesenta de este siglo coleccionar vestidos (interiores) (pannueti, picha) de tal modo pintados que, sin embargo, ya no estaban en uso. Después de la emigración de los antiguos Cuna continentales a las islas de San Blas estos grupos, más a menudo, tuvieron contacto con barcos comerciales. Aunque este comercio existía desde hace muchos decenios, el ahora contacto más frecuente conllevó la introducción de materiales básicos esenciales como, por ejemplo, las telas comercializadas, hilos, agujas, dedales y tijera sin cuyo continuo abastecimiento las molacanas no se podrían haber desarrollado del modo existente.
El paso de la pintura corporal a la ropa interior de mujeres era el comienzo del desarrollo propio de la mola, el vestido de las mujeres consistió, al prinpio, de una tela sencilla mayormente azul oscuro que llegaba hasta las rodillas y que fue complementado mediante una enagua hasta media pierna pintada con símbolos geométricos.
Durante el tiempo victoriano surgió el llevar camisa y pantalones muy usados y las mujeres se vestían con camisas amplias de color claro o de color índigo azul. Las camisas monocolores fueron adornadas, después de unos años, en el dobladillo con una cinta roja. Pronto las mujeres empezaron a ampliar y extender los adornos. En lugar de las telas azul oscuro usaron telas de muchos colores y las blusas adquirieron adornos en colores vivos a lo largo del dobladillo.
Al principio allí surgieron solo simples dibujos aplicados que después de pocos años fueron extendidos a las blusas.
Desde el comienzo del S.XX las mujeres utilizaron los ofrecidos estampados azules como una especie de falda de envoltura que llevan hasta hoy en día, mientras que las molacanas llegaron a ser, indudablemente, más cortas.

Mediante el surgir de estampados multicolores las mujeres Cuna perdieron la necesidad de pintar sus telas lo cual en los originales trajes monocolores era usual. Las mujeres Cuna muestran hoy un especial empeño en conseguir telas con nuevos dibujos.
Desapareció la antiguamente ropa interior pintada con dibujos geométricos. Bajo la falda de envoltura las mujeres Cuna llevan hoy, solamente, un pantalón azul de pierna corta un resto, seguramente, de la antigua pieza esencial de color azul. Las molacanas son hoy en día, sin duda, el vestido dominante en las mujeres.

Literatur

Das Verzeichnis wurde im November 1979 abgeschlossen

Aked, George D.
1940 The Islands of San Blas. Geographical Magazine, 11. London.

Andrión, Martina
1957 San Blas, Joyel del Istmo. Panama.

Araúz, Reina Torres de
1972 Panorama actual de las culturas indígenas panameñas. América Indígena, Vol. XXXII, no. 1. Mexico.

Araúz, Reina Torres de
1975 Darien. Etnoecología de una región historica. Panama.

Archibold, Guillermo
1973 La medicina Kuna. Actas del IV Simposium nacional. . . Panama.

Auld, Rhoda L.
1977 Molas. New York.

Åhlberg, Gudrun
1967 Molateknik. Stockholm.

Bell, Eleanor Yorke
1910 The Republic of Panama and its People, with special Reference to the Indians. Annual Report of the Board of Regents of the Smithsonian Institution. Washington.

Bennett, Charles F.
1962 The Bayano Cuna Indians, Panama: An Ethnological Study of Livelihood and Diet. Annals of the Association of American Geographers, Vol. 52.

Berendt, Hermann
1874 Linguistische Forschungen in Centralamerika. Das Ausland, Nr. 45. Stuttgart.

Billard, Jules B.
1970 Panama, Link Between Oceans and Continents. National Geographic, Vol. 137, no. 3. Washington.

Björnberg, Birgitta
o. J. Textilkonst hos Cuna-indianerna. Konstperspektiv, Vol. 17, no. 3. Stockholm.

Boser, Renée-Müller, Irmgard
1968 Stickerei. Systematik der Stickformen. Basel.

Brockhaus
1974 Bild der Völker: Die Cuna. Brockhaus Völkerkunde, Bd. 4. Wiesbaden.

Brown, Judith K.
1970 Sex Division of Labor among the San Blas Cuna. Anthropological Quarterly, Vol. 43, 2. Washington.

Brown, Lady Richmond
1924 Unknown Tribes, Uncharted Seas. London.

Carles, Ruben Dario
1946 Crossing the Isthmus of Panama. Panama.

Carles, Ruben Dario
o. J. San Blas. Tierra de los Cunas. Panama.

Casimir de Brizuela, Gladys
1972 Etnografía antigua de Panamá. América Indígena, Vol. XXXII, no. 1. Mexico.

Carande, Ramón
1955 Das westindische Gold und die Kreditpolitik Karls V. In „Gesammelte Aufsätze zur Kulturgeschichte Spaniens. 10. Bd.“ v. Joh. Vincke (Hrsg.). Münster.

Catat, Louis
1889 Les Habitants du Darien meridional. Revue d'Ethnographie, Vol. 7. Paris.

Chaves, Enrique-Angermuller, Linnea
1972 About Molas. Panama.

Cullen, Dr.
1866 The Darien Indians. Transactions of the Ethnological Society of London, Vol. 4. London.

Cullen, Dr.
1868 The Darien Indians. Transactions of the Ethnological Society of London, Vol. 6. London.

Dampier, William
1906 A New Voyage Around the World. London.

Densmore, Frances
1925 Study of the Tule Indian Music. In "Smithsonian Miscellaneous Collections", Vol. 77, no. 2. Washington.

Fairchild, H. L.
1924 White Indians of Darien. Science, Vol. LX, No. 1550. New York.

Feeney, Corinne B.
1941 Arch-Isolationists, the San Blas Indians. The National Geographic Magazine, Vol. LXXIX, no. 2. Washington.

Gaskill, Gordon
1968 Die Kokospalme: Supermarkt der Natur. Das Beste, 10.

Gatschet, Albert S.
1900 Central-Amerikas Sprachstämme und Dialekte. Globus. 77. Bd. Braunschweig.

Geeting, Corinne
1973 A culture sewn up by its women. Weekender Magazine.

Godfrey, Henry F.
1970 Central America Guide Panamá. New York.

Goméz, Jorge Morales
1972 Contactos Culturales en el Golfo de Urabá: la Evangelización de los Cuna. América Indígena, Vol. XXXII, no. 4. Mexico.

Goméz, Jorge Morales
1975 Notas entnograficas sobre la tecnologia de los indios Cuna. Revista Colombiana de Antropologia, Vol. 19. Bogotá.

Hamilton, Earl I.
1929 Imports of American Gold and Silver into Spain, 1503–1660. The Quarterly Journal of Economics, Vol. XLIII, no. 3. Cambridge, Mass.

Hanbury-Tenison, Robin
1972 Darien Indians in the shadow of progress. Geographical Magazine, London.

Hanbury-Tenison and Burton, P.
1973 Should the Darien Gap be closed? The Geographical Journal, Vol. 139. London.

Haring, Clarence H.
1915 American Gold and Silver Production in the First Half of the Sixteenth Century. The Quarterly Journal of Economics, Vol. XXIX, no. 3. Cambridge, Mass.

Harrington, J. P.
1925 Studies on the Tule Indians of Panama. Ethnological and Linguistic Studies. In: Smithsonian Miscellaneous Collections, Vol. 77, no. 2. Washington.

Harrington, Richard
1957 San Blas Indians of Panama. Canadian Geographical Journal, Vol. LV, no. 1. Ottawa.

Harris, Reginald G.
1925 The White Indians of the San Blas and Darien. Science, Vol. LXI, No. 1583. New York.

Harris, Reginald G.
1926 The San Blas Indians. Journal of the American Physical Anthropology, Vol. 9. Philadelphia.

Hartmann, Günther
Der kurvenlineare Röntgenstil in der Volkskunst der Cuna, Panama. MS.

Hartmann, Günther
Ritual- und Statusspezialisten bei den Cuna, Panama. MS.

Hartmann, Günther
Verbreitung von mola-Motiven in San Blas, Panama. MS.

Hartmann, Günther
Formensprache der molakana in San Blas, Panama. MS.

Hartmann, Günther
Entwicklungen, Formen und Symbolik der molakana in San Blas, Panama. MS.

Hartmann, Günther
Christlich-religiöse molakana. MS.

Hartmann, Günther
Akkulturationsfolgen bei den Cuna, Panama. MS.

Hartmann, Ursula
Die nähenden Frauen von San Blas, Panama. MS.

Hartmann, Ursula
Wohnen bei den Cuna in San Blas, Panama. MS.

Hartmann, Ursula
Die Stellung der Frau bei den Cuna, Panama. MS.

Hedrick, B. C., und A. K.
1970 Historical Dictionary of Panamá. Metuchen.

Helbig, Karl
1966 Panamá. Brücke zwischen Meeren und Kontinenten. Kosmos, 2.

Helms, Mary W.
1976 Introduction (Colonial Era. . .). Aus: Frontier Adaptations in Lower Central America. (Ed. Helms/Loveland). Philadelphia.

Helms, Mary W.
1976 Symbols and Society: Comments on Ritual and Symbolism of Indigenous Central America. In: Ritual and Symbol in Native Central America. (P. Young and J. Howe). Anthropol. Papers, no. 9. Eugene.

Helms, Mary W.
1977 Iguanas and Crocodilians in Tropical American Mythology and Iconography with Special Reference to Panama. Journal of Latin American hore 3 : 1. Los Angeles.

Herrera, Francisco
1972 Aspectos del desarrollo económico y social de los indios cunas de San Blas, Panama. América Indígena, Vol. XXXII, no. 1. Mexico.

Heye, George G.
1924 Darien Ethnology. Indian Notes, Vol. 1, no. 4. New York.

Hirschfeld, L. A.
1976 A Structural Analysis of the Cuna Arts. In: Ritual and Symbol. . . (P. Young and J. Howe). Anthropol. Papers, no. 9. Eugene.

Hirschfeld, Lawrence A.
1977 Art in Cunaland: Ideology and Cultural Adaption. Man, Vol. 12, no. 1. London.

Hirschfeld, Lawrence A.
1977 Cuna Aesthetics: A Quantitative Analysis. Ethnology, Vol. XVI.

Holloman, Regina
1969 Acculturation and the Cuna. Bulletin Field Museum of Natural History, Vol. 40, no. 7. Chicago.

Holloman, Regina E.
1976 Cuna Household Types and the Domestic Cycle. Aus: Frontier Adaptions in Lower Central America. (Ed. Helms/Loveland). Philadelphia.

Howarth, David
1966 Panama. Wien/Berlin.

Howe, James
1976 Communal Land Tenure and the Origin of Descent Groups Among the San Blas Cuna. Aus: Frontier Adaptions in Lower Central America. (Ed. Helms/Loveland). Philadelphia.

Howe, James
1976 Smoking out the Spirits: A Cuna Exorcism. Aus: Ritual and Symbol. . . (P. Young and J. Howe). Anthropol. Papers, no. 9. Eugene.

Howe, James
1978 How the Cuna keep their chiefs in line. Man, Vol. 13, no. 4 London.

Howe-Sherzer
1975 take and tell: a practical classification from the San Blas Cuna. Aus: american ethnologist, Vol. 2, no. 3. Washington.

Hrdlička, Aleš
1926 The Indians of Panama. Their physical relation to the Maya. American Journal of Physical Anthropology, Vol. IX, no. 1. Washington.

Huber, Marianne und Robert
1977 Die San Blas Cuna, ein Indianerstamm in Panama. Köln.

Humphries, Theodore
1944 The Indians of Panama. Their History and Culture. Panama.

Iglesias, Mawel, Elya and Morgan, Ch. H.
1939 From the cradle to the grave: the story of a typical San Blas indian maiden. Cristobal.

1873 Indianer vom Panamá-Isthmus. (H.A.S.) Zeitschrift für Ethnologie, Bd. 5. Berlin.

Italiaander, Rolf
1969 terra dolorosa. Wandlungen in Lateinamerika. Wiesbaden.

Janello, Reina Torres de
1956 La Mujer Cuna. América Indígena, Vol. XVI, no. 4. Mexico.

Joedecke, Rainer
1977 Die Dickschädel von San Blas. GEO, Nr. 11. Hamburg.

Kapp, Kit S.
1972 Mola Art from the San Blas Islands. Cincinnati.

Keeler, Clyde E.
1956 Land of the Moon-Children. The Primitive San Blas Culture in Flux. Athens.

Keeler, Clyde E.
1960 Secrets of the Cuna Earthmother. New York.

Keeler, Clyde E.
1969 Cuna Indian Art. New York.

Kelly, Joanne M.
1966 Cuna. Panamanian Law and the San Blas Indians. New York.

Kramer, Fritz W.
1967 Die Schriftsysteme der Cuna. Literatur und Schrift eines Naturvolkes. Studium Generale, Jg. 20, Heft 9. Berlin.

Kramer, Fritz W.
1970 Literature among the Cuna Indians. Göteborg.

Krieger, Herbert W.
1926 Material Culture of the People of Southeastern Panama, based on Specimens in the United States National Museum. Smithsonian Institution. United States National Museum, Bulletin 134. Washington.

Lehmann, Walter
1910 Ergebnisse einer Forschungsreise in Mittelamerika und Mexico 1907–1909. Zeitschrift f. Ethnologie, Jg. 1910, Heft 5. Berlin.

Lehmann, Walter
1920 Die Cuna-Cueva Sprachen. Aus Zentral-Amerika. Teil 1. Berlin.

Leykauf, Ludwig R.
1978 Bei den letzten Cuna-Indios. Chic, 10. Köln.

Lingüistico de Verano, Instituto
1972 Las lenguas indígenas de Panamá. América Indígena, Vol. XXXII, no. 1. Mexico.

Linné, S.
1929 Darien in the Past. Göteborg.

Mac Chapin
1976 Muu ikala: Cuna Birth Ceremony. In: Ritual and Symbol. . . (P. Young and J. Howe). Anthropol. Papers, no. 9. Eugene.

Marden, Luis
1941 Panama, Bridge of the World. The National Geographic Magazine, Vol. LXXX, no. 5. Washington.

Markham, Clemens R.
o. J. The Narrative of Pascual de Andagoya. New York.

Marsh, R. O.
1925 Marsh-Darien Expedition. In: Smithsonian Miscellaneous Collections, Vol. 77, no. 2. Washington.

Marsh, Richard Oglesby
1934 White Indians of Darien. New York.

Maurer, Ingeborg
1977 Die San Blas Cuna, ein Indianerstamm in Panama. Köln. (vgl. Huber).

McKim, Fred
1947 San Blas. An Account of the Cuna Indians of Panama. Etnologiska Studier, 15. Göteborg.

McKim, Fred
1947 The Forbidden Land. Reconnaissance of Upper Bayano River, R. P., in 1936. Etnologiska Studier, 15. Göteborg.

Mueller, Adrian
1962 Bei den Cuna-Indianern von Panamá. Kosmos, 4. Stuttgart.

Mueller, J. R.
1973 Molas: Art of the Cuna Indians. Textile Museum. Washington.

Nordenskiöld, Erland
1928 Les Indiens de l'isthme de Panama. La Géographie, T. L. Paris.

Nordenskiöld, Erland
1928 Cuna Indian conceptions of illnesses. Festschrift P. W. Schmidt. (Hrsg. W. Koppers) Wien.

Nordenskiöld, Erland
1929 Indianerna på Panamanäset. Ymer, Vol. 48. Stockholm.

Nordenskiöld, Erland
1929 Les rapports entre l'art, la religion et la magie chez les indiens Cuna et Chocó. Journal de la Société des Américanistes de Paris, N.S.T. XXI. Paris.

Nordenskiöld, Erland
1930 Cuna Indian Religion. Proceedings of the twenty-third International Congress of Americanists. New York.

Nordenskiöld, Erland
1932 La conception de l'âme chez les indiens Cuna de l'Isthme de Panamá. (La signification de trois mots Cuna, purba, niga et kurgin.) Journal de la Société des Américanistes, Vol. XXIV. Paris.

Nordenskiöld, Erland
1938 An Historical and Ethnological Survey of the Cuna Indians. Comp. Ethnogr. Studies, 10. Göteborg.

Oille, Jennifer
1974 Mola Art at the Bards Gallery London, 1973. Studio. Intern. Journal of Modern Art, Vol. 187. London.

Parker, Ann-Neal, Avon
1968 The Witchery of Stitchery. Ciba Journal, no. 45. Basel.

Parker, Ann-Neal, Avon
1977 Molas. Folk Art of the Cuna Indians. New York.

Perez Kantule, Ruben
1942 Las Molas de las Indias Cuna. América Indígena, Vol. 2, no. 1. Mexico.

Pinart, M. Alphonse
1887 Les Indiens de l'État de Panamá. Revue d'Ethnographie T. 6. Paris.

Pittier, Henry
1912 Little-known Parts of Panama. The National Geographic Magazine, Vol. XXIII, no. 7. Washington.

Prebble, John
1968 The Darien Disaster. London.

Prestán Simón, Arnulfo
1970 Ensayo monográfico sobre los Caribe-Cuna. Franciscanum Rev. de las ciencias del espíritu, Año XII, no. 34 u. 35. Bogotá.

Puydt, M. Luciende
1868 Account of Scientific Explorations in the Isthmus of Darien in the years 1861 and 1865. The Journal of the Royal Geographical Society. Vol. 38. London.

Reclus, Armand
1881 Panama et Darien. Voyages d'Exploration (1876/78). Paris.

Reverte, José M.
1964 Medicina entre los Indios Cunas de Panamá. Tierra y dos mares, no. 20. Panamá.

Rose, Hugh
1698 Journal or Diary of the most remarkable things that happened during the Scots African and Indian fleet. . . London.

Rosen, Steven W.
o. J. Art and Artifacts of the San Blas Cuna. Denison University Collection. Granville, Ohio.

Rubio, Ángel
1956 La Situación actual del Indígena en Panamá. América Indígena, Vol. XVI, no. 3. Mexico.

Salcedo, Juan Requejo
1908 Relación Históricó y Geográfica de la Provincia de Panamá, año 1640. (Colección de libros y documentos referentes á la Historia de America, Tomo VIII). Madrid.

Sapper, Carl
1901 Beiträge zur Ethnographie des südlichen Mittelamerika. Petermanns Mitteilungen, Bd. 47. Gotha.

Schwetter, Bertha
1966 Das Große Handarbeitsbuch. Freiburg, Basel, Wien.

Scheer, Georg
1955 Die Indianer der San-Blas-Inseln. Kosmos, 10. Stuttgart.

Seemann, Berthold
1853 The Aborigines of the Isthmus of Panama. Transactions of the American Ethnological Society, Vol. III/I. New York.

Selfridge, T. Oliver
1874 Reports of Explorations and Surveys to ascertain the Practicability of a Ship Canal between the Atlantic and Pacific Oceans. Washington.

Severin, Kurt
1953 A San Blas Indian Girl comes of Age. Natural History, Vol. LXII. New York.

Severin, Timothy
1973 The Cunas of Golden Castile. In: Vanishing Primitive Man. New York.

Sherzer, Joel
1970 Talking Backwards in Cuna: The Sociological Reality of Phonological Descriptions. Southwestern Journal of Anthropolgy, Vol. 26. Albuquerque.

Sherzer, Dina and Joel
1976 Morkmaknamaloe: the Cuna Mola. In: Ritual and Symbol. . . (P. Young and J. Howe). Anthropol. Papers, no. 9. Eugene.

Sherzer, Joel
1974 Namakke, Sunmakke, Kormakke: Three Types of Cuna Speech Event. In: Explorations in the Ethnography of Speaking. (Ed. Richard Bauman and Joel Sherzer). London.

Shrubsall-Haddon-Buxton
1924 The "White Indians" of Panama. Man, Vol. XXIV. London.

Sperlich, Norbert
1974 Der gestickte Hubschrauber. Die Molas der Cuna-Indianer. Westermanns Monatshefte. Braunschweig.

Staempfli, George W.
1971 The Art of the Cuna Indians. New York.

Stout, D. B.
1946 Land Tenure and other Property Concepts among the San Blas Cuna. Primitive Man, Vol. XIX, 3/4. Washington.

Stout, D. B.
1946 Further Notes on Albinism among the San Blas Cuna, Panama. American Journal of Physical Anthropology, N.S. Vol. 4, 4. Washington.

Stout, D. B.
1947 San Blas Cuna Acculturation: An Introduction. New York.

Stout, D. B.
1952 Persistent Elements in San Blas Cuna Social Organization. Selected Papers of the XXIX Int. Congr. of Americanists, New York 1949. Chicago.

Stout, D. B.
1963 The Cuna. In: Handbook of South American Indians. Vol. 4. New York.

Trimborn, Hermann
1952 Pascual de Andagoya on the Cueva of Panama. Selected Papers of the XXIX. Int. Congr. of Americanists New York 1949. Chicago.

Trimborn, Hermann
1955 Gaspar de Espinosa als Quelle zur Sprachenkunde von Panama. In: Von fremden Völkern und Kulturen. H. Plischke zum 65. Geb. Düsseldorf.

Vandervelde, Marjorie
1973 Moon-children of San Blas Islands. Expedition, Vol. 15, no. 4. Philadelphia.

Wafer, Lionel
1699 Mr. Wafers Description of the Isthmus of America. London.

Wafer, Lionel
1934 A New Voyage and Description of the Isthmus of America. (Ed. E. Joyce) Oxford.

Wagner, Moritz
1862 Eine Reise in das Innere der Landenge von San Blas und der Cordillere von Chepo. . . Petermanns Mitteilungen, 8. Gotha.

Warmund-Cordelier, José
1978 Mythologische Formensprache: „Mola-Art“. Chic, 10. Köln.

Wassén, Henry
1932 La visite de l'indien Cuna Rubén Pérez Kantule au musée de Gothembourg en 1931. Aus: Journal de la Société des Américanistes, Vol. XXIV. Paris.

Wassén, Henry
1940 Anonymous Spanish Manuscript from 1739 on the Province Darien. A Contribution to the Colonial History and Ethnography of Panama and Colombia. Etnologiska Studier, 10. Göteborg.

Wassén, Henry
1940 An Analogy between a South American and Oceanic Myth Motif and Negro Influence in Darien. Etnologiska Studier, no. 10. Göteborg.

Wassén, Henry
1949 Contributions to Cuna Ethnography. Results of an Expedition to Panama and Colombia in 1947. Etnologiska Studier, 16. Göteborg.

Wassén, Henry
1964 Some Words on the Cuna Indians and especially their ,,Mola"-Garments. Revista do Museu Paulista, Vol. XV. São Paulo.

Wassén, Henry
1968 Mola. Cuna-Indiansk Textilkonst. Göteborg.

Weyer, Edward
1959 Ein Panama-Stamm. Die San Blas. In: Primitive Völker heute. Gütersloh.

BESCHREIBUNGEN DER ABGEBILDETEN OBJEKTE

Vorbemerkungen

Die den einzelnen Beschreibungen vorangestellten Angaben basieren auf den Unterlagen des Museums für Völkerkunde, Berlin-Dahlem, und erstrecken sich auf:

Abbildungsnummer (Zusatz F bedeutet Farbabbildung);
Name des Sammlers und Zeitpunkt der Erwerbung durch das Museum;
Herkunftsangabe bzw. Angabe des Dorfes oder der Insel in bzw. auf der die Erwerbung erfolgte;
Katalognummer der Abteilung Amerikanische Naturvölker des Museums für Völkerkunde Berlin;
Maße (Breite x Länge);
Bei mola-Blusen werden zunächst die Maße der Bluse, dann die des mola-Paneels genannt;
Farben der verwendeten Stoffe, wobei als Basis für die Farbbestimmung das „Taschenlexikon der Farben" von Kornerup-Wanscher, 1975, diente;
Angabe über die Anzahl der durchgehenden Stofflagen, wobei sich die ersten genannten Farben stets auf die durchgehenden Stofflagen beziehen.

Jedes Objekt wird in seinen wesentlichen Darstellungen charakterisiert, so daß sich aus der Verbindung von Aufnahme und Beschreibung ein umfassender Eindruck ergibt.

Stilkritische Gesichtspunkte oder Zuordnungen bleiben außer Betracht und sollen späteren Arbeiten vorbehalten sein.

Im Rahmen andersartiger Katalogisierungsarbeiten konnte Frau Ursula Stüdemann, Berlin, einen kleineren Teil der Sammlungen bearbeiten. Ihre Angaben und ermittelten Werte wurden teilweise übernommen.

Normalerweise bestehen die molakana aus zwei bis drei durchgehenden Stofflagen; Mehrlagigkeit ist die Ausnahme. Häufig werden Stoffteile verwendet, die entweder unterlegt oder aufgenäht wurden. Dies gilt auch in den Fällen, in denen dies nicht besonders vermerkt wurde.

Soweit es sich um mola-Blusen handelt, bestehen Ärmel und Passe vielfach aus bunten Stoffen aus Baumwolle oder Kunstseide. Einfarbige Stoffe, die in Verbindung mit den farbenprächtigen molakana unserem europäischen Auge schmeicheln, sind selten. Der Halsausschnitt ist häufig mit Schmuckstreifen eingefaßt; die Schulternähte und die kurzen Ärmelbündchen der Blusen zeigen ebenfalls oft verschiedenfarbige Schmuckstreifen, wobei zunehmend industriell gefertigtes Material verwendet wird. An die kurzen Puffärmel und den unteren Blusenrand schließen sich meistens gefältelte Rüschen an.

Bei der kurzen Beschreibung der mola-Blusen sind die Farben und nach Möglichkeit auch das Stoffmaterial angegeben.

Bei den molakana-Paneelen erfolgt die Nennung der Farben im allgemeinen derart, daß die ersten Farben sich auf die durchgehenden Stofflagen beziehen, während die folgenden genannten Farben auf die partielle Unterlegung bzw. auf das Auflegen von Stoffteilen hinweisen. Daher kann es vorkommen, daß einige Male Farben doppelt genannt wurden.

Teilweise wurden die mola-Platten vom Hauptteil der Bluse nicht vorsichtig genug gelöst, sondern einfach mit einer Schere abgeschnitten, so daß sich bei einer Reihe von Paneelen noch abgeschnittene Reste der mola-Bluse befinden.

Die meisten Blusen werden durch ein eingefaßtes Zugband, das hinten zur Schleife gebunden wird, geschlossen. Einige molakana sind mit Reißverschlüssen versehen, die mit Hilfe von Nähmaschinen eingesetzt wurden. Nähmaschinenarbeit findet sich gelegentlich an den Ärmel- und den Seitennähten sowie an der unteren Randeinfassung der mola-Paneele.

Die im folgenden publizierten Bestände an molakana stellen den weitaus überwiegenden Teil der im Museum für Völkerkunde Berlin befindlichen Kleidungsteile der Cuna-Indianer dar. Infolge der relativ großen Zahl an nicht-identifizierbaren Formen speziell im Bereich der abstrakten und geometrischen molakana ist im wesentlichen folgende Reihenfolge der Wiedergabe vorgenommen:

abstrakte und geometrische molakana;

molakana mit Darstellungen der Flora und Fauna;

Darstellungen der Gestirne;

Darstellungen aus dem Bereich Kleidung, Werkzeuge und Gebrauchsgegenstände;

molakana, die Tätigkeiten oder Geschichten erzählen;

molakana mit Darstellungen aus dem Spiel-, Sport- und Unterhaltungsbereich;

Buchstaben- oder Zeichen-molakana;

molakana mit christlich-religiösen Motiven;

Darstellungen, die vermutlich aus Magazinen oder aus der Werbung entlehnt wurden;

politische molakana;

Touristen-molakana.

F 1 Kunsthandel 1977

VB 16104
Mola-Bluse
51 x 51 cm; 51 x 40,5 cm

Bluse: braun-schwarz gestreiftes Cordoberteil. Verzierung mit mäander-ähnlichen Formen. Schmuckstreifen in goldgelb, hellorange, rot, schwarz mit hellgelben Litzen am Ärmelabschluß

Mola: dunkelrot – schwarz – hellorange – gelb
Zweilagig

Beidseitig gleiche Motive: Spuren-mola in geometrischer Form aufgelöst. Abschluß oben: Verschiedenfarbige Passe (goldgelb, schwarz, orange, rot) mit Zierlitze und ornamentaler Stoffleiste.
Abschluß unten: grüner Stoffstreifen.

F 2 Hartmann 1978

Rio Sidra, San Blas
VB 16264
Mola-Bluse
44 x 57 cm; 44 x 39 cm

Bluse: aus orangenem Baumwollkrepp, mit schwarzen, roten und grünen Stoffbahnen eingefaßt

Mola: schwarz – rot – rosa – orange – grün – knallblau – gelb
Zweilagig mit weiteren unter- bzw. aufgesetzten Stoffteilen

Vorder- und Rückseite der mola-Bluse sind in aufrecht stehende Rechtecke gegliedert, in die von einem zentralen Achsenkreuz aus eine waagerechte T-Form eingeführt wurde. Die geometrischen Formen sind durch bahnenartig angeordnete farbige Winkel erweitert.
Die obere Abschlußborte besteht aus Zackenlitzen (schwarz, gelb).

F 3 Hartmann 1978

San Blas
VB 16358
Mola-Platte
33 x 39 cm

Mola: schwarz – gelb – dunkelrot – rosa – graublau – orange
Dreilagig mit weiteren aufgesetzten bzw. unterlegten Stoffteilen

Das Paneel zeigt zwei aufrecht stehende nach rechts geöffnete Ovale, deren Inneres mit irrgartenartigen glatten und gezackten Linien und Punktationen ausgefüllt ist.

F 4 Galbis 1972

Carti, San Blas
VA 65198
Mola-Bluse
36,5 x 47,5 cm; 36,5 x 36 cm

Bluse: enzianblauer Stoff mit gelben und braunroten Stoffstreifen an Armen, Schulter und Hals

Mola: dunkelrot – hellrot – hellviolett – kükengelb – grauschwarz – knallblau
Dreilagig mit aufgesetzten Stoffteilen

Die mola-Bluse weist auf beiden Platten gleiche geometrische Musterungen auf; sie zeigen nur unwesentliche Farbverschiebungen.
Zwischen Bluse und mola-Platten befinden sich verschiedene übereinander verschoben liegende Stoffstreifen (hellorange, pastellgelb und schwarzgrau).
Auf dem obersten Streifen läuft eine weiße Zackenlitze entlang.
Es handelt sich offensichtlich um eine Kinder-mola.

F 5 Hartmann 1978

Achutupo, San Blas
VB 16303
Mola-Platte
34 x 38,5 cm

Mola: schwarz – orange – rot – rosa – blauviolett – rotviolett – graublau – knallblau – hellgrün – mittelgrün – dunkelgrün – hellgelb – eigelb – dunkelgelb – weiß
Dreilagig mit weiteren unter- bzw. aufgesetzten Stoffteilen

Das Paneel ist mit sechs gleichartig konturierten eckigen Schlangenlinien gemustert.

F 6 Hartmann 1978

San Blas
VB 16356
Mola-Platte
32,5 x 40,5 cm
Mola: orange – schwarz – rot – rosa – violett – knallblau – graublau – blaugrün – gelbgrün – zitronengelb – eigelb – weiß
Zweilagig mit weiteren aufgesetzten bzw. unterlegten Stoffteilen
Zwei Kreuze, die von offenen, übergreifenden Rechtecken eingefaßt werden, füllen das Paneel aus.

F 7 Kunsthandel 1976

VB 16046
Mola-Platte
54,5 x 40 cm
Mola: goldgelb-tiefrot
Zweilagig
Geometrisch-figurale Darstellung von Bewohnern des Meeres (Krebse u. a.).

F 8 Hartmann 1978

Tigre, San Blas
VB 16285
Mola-Platte
34,5 x 43,5 cm
Mola: orangerot – schwarz – violettrot – schwarz – grün – gelb – graublau – knallblau – weiß
Dreilagig mit weiteren unter- bzw. aufgesetzten Stoffteilen
Ein großer, nach rechts schwimmender Fisch mit verlängerten Flossen und Leierschwanz nimmt den Hauptteil des Paneels ein. Jeweils zwei kleinere Fische sind über bzw. unter seinem Kopf angeordnet. Kammartige Ornamente schmücken die mola-Platte aus.

F 9 Hartmann 1978

Wichubuala, San Blas
VB 16196
Mola-Platte
41,5 x 49,5 cm
Mola: tiefrot – rosa – schwarz – maisgelb – hellgelb – pastellgelb – graugelb – knallblau – hellgrün – hellviolett – hellorange
Dreilagig mit unter- bzw. aufgesetzten Stoffteilen
Zoomorphe Darstellung, die im Zentrum einen fünfzackigen Stern zeigt.
Oberer Abschluß besteht aus zwei Stoffstreifen (hellgelb, schwarz) mit aufgesetzter Schmucklitze (hellorange).

F 10 Hartmann 1978

Wichubuala, San Blas
VB 16197
Mola-Platte
44 x 47,5 cm
Mola: türkisgrün – knallrot – rotorange – schwarz – dunkelgrün – maisgelb – hellgelb – knallblau – rotviolett – purpurrosa – pastellviolett
Dreilagig mit unter- bzw. aufgesetzten Stoffteilen
Darstellung eines Polypen.

F 11 Galbis 1972

Aquatupo, San Blas
VA 65170
Mola-Platte
47 x 37 cm
Mola: dunkelrot – schwarz – grau – rosa – maisgelb – knallblau – blaugrün – hellgrün – orange – pastellviolett – rotviolett – weiß – purpurgrau
Vierlagig
Die Platte zeigt eine zoomorphe Darstellung (Seetier), die ausgeschmückt und umgeben ist mit abstrakten Mustern, aus denen kreuzähnliche Motive herausragen.

F 12 Hartmann

R. Sidra, San Blas
VB 16283
Mola-Platte
43 x 34 cm

Mola: schwarz – tiefrot – orange – hellgelb – eigelb – kükengelb – hellgrün – tiefgrün – schwarz – knallblau – hellviolett – weiß
Zweilagig

Darstellung eines Tintenfisches mit menschlichem Gesicht. Auf dem Kopf trägt er eine Schirmmütze mit dem Aufdruck RAMON; die Armenden umschließen verschiedenartiges Werkzeug (Hammer, Säge, Pinsel, Bürste), aber auch eine Schnur mit einer Steckvorrichtung. Schließlich fehlt auch der Hinweis nicht, daß es sich um ein Bild (PINTURA) handelt.

F 13 Hartmann 1978

Nalunega, San Blas
VB 16217
Mola-Bluse
43 x 54 cm; 43 x 40,5 cm

Bluse: goldgelber Baumwollkrepp, eingefaßt mit schwarz-weißen Stoffstreifen. Grüne Schmucklitze an den Ärmelbündchen
Mola: schwarz – tiefrot – knallblau – hellgelb – maisgelb – pastellviolett – violettrot – graublau – weiß – hellgrün – graugrün – rosa – braun – pastellgrün – orange
Zweilagig mit weiteren unter- bzw. aufgesetzten Stoffteilen

Beide mola-Seiten zeigen Fischdarstellungen, die sich im wesentlichen durch unterschiedliche Farbgebungen voneinander unterscheiden.
Oberer Abschluß: Schmuckstreifen (goldgelb, schwarz, weiß) mit aufgesetzten Schmucklitzen (rosa, blaßgrün).
Unterer Abschluß: schwarzer Stoffstreifen.

F 14 Hartmann 1978

Rio Sidra, San Blas
VB 16275
Mola-Platte
35 x 43,5 cm

Mola: orange – hellrot – dunkelrot – rosa – schwarz – violett – blaugrün – gelbgrün – gelb – knallblau – graublau – weiß
Dreilagig mit weiteren unter- bzw. aufgesetzten Stoffteilen

Mehrfarbig konturierte Rechtecke und Quadrate umgeben einen Taschenkrebs. Er füllt den wesentlichen Teil des Paneels aus.
Die obere Stoffkante weist eine Schmuckborte mit weißer Zackenlitze auf.

F 15 Hartmann 1978

Nalunega, San Blas
VB 16223
Mola-Platte
35,5 x 45 cm

Mola: schwarz – orange – tiefrot – goldgelb – weiß – grün – tiefblau – hellgrün – hellviolett – graugrün – helltürkis – hellorange
Dreilagig mit weiteren unter- bzw. aufgesetzten Stoffteilen

Darstellung von Einsiedler-Krebsen, die in Dreier-Gruppen über- bzw. nebeneinander angeordnet sind.

F 16 Hartmann 1978

San Blas
VB 16359
Mola-Platte
32,5 x 47 cm

Mola: rot – grün – violett – knallblau – hellgrün – hellgelb – dunkelgelb – orange
Applikation in weiß und schwarz
Zweilagig mit weiteren aufgesetzten bzw. unterlegten Stoffteilen

Auf dem Paneel sind in zwei Reihen sechs mit dem Kopf nach rechts gerichtete Hühner dargestellt, die von unregelmäßigen geometrischen Formen umgeben werden.

F 17 Galbis

Carti, San Blas
VA 65190
Mola-Platte
57 x 40 cm

Mola: dunkelrot – hellorange – grauweiß – gelbweiß – schwarzgrau – graugrün – dunkelbraun – graublau
Dreilagig, weitere nur unterlegt

Die überwiegend florale Darstellung zeigt Tiere (Affen) in einem Baum (Affenbaum-Darstellung).

F 18 Hartmann 1978

Mamitupo, San Blas
VB 16323
Mola-Bluse
42 x 48 cm; 42 x 37,5 cm

Bluse: aus apfelgrünem Samt, verschiedenfarbig eingefaßt

Mola: schwarz – dunkelrot – rosa – rotviolett – blauviolett – hellblau – dunkelblau – violettblau – hellgrün – dunkelgrün – mittelgrün – oliv – gelb – ocker – dunkelbraun – rotbraun – orange – weiß
Zweilagig mit weiteren unter- bzw. aufgesetzten Stoffteilen

Beide Paneele weisen zwei einander abgewandte Vögel auf, die jeweils auf einem zweigeteilten, ovalen Gebilde sitzen.
Schmuckborten der oberen mola-Ränder und der Ärmelbündchen sind mit gleichartigem appliziertem Ornament versehen. Unterer Abschluß aus rot eingefaßtem weißen Rips.

F 19 Kunsthandel 1976

VB 16062
Mola-Bluse
47 x 58,5 cm; 47 x 40 cm

Bluse: schwarzes Samtoberteil mit grauen, roten, grünen, gelben, weißen und blauen Stoffstreifen; im Bereich von Armen und Hals gelbe Litzen

Mola: knallgrün – hellorange – blau – dunkelrot – dunkelgelb – schwarz – rosa – hellblau – weiß
Zweilagig mit zahlreichen aufgesetzten Stoffteilen

Die beiden Seiten der mola-Bluse zeigen die gleiche figural-ornamentale Darstellung, deren Vorbilder in Seetieren zu suchen sind.

F 20 Hartmann 1978

Wichubuala, San Blas
VB 16200
Mola-Platte
35 x 41,5 cm

Mola: schwarz – rotorange – tiefrot – knallblau – maisgelb – gelbgrün – hellgrün – hellila – purpurrot – rosa – weiß – dunkelbraun
Dreilagig mit unter- bzw. aufgesetzten Stoffteilen

Paneel mit der Darstellung eines Schweines.
Als oberer Abschluß dienen mehrere Stoffstreifen (hellgrün, schwarz, rot, orange) mit aufgesetzter Schmucklitze (rosa).

F 21 Hartmann 1978

Wichubuala, San Blas
VB 16193
Mola-Platte
35,5 x 42 cm

Mola: knallblau – knallrot – tieforange – schwarz – hellgelb – hellgrün – graublau
Vierlagig mit untergesetzten bzw. aufgesetzten Stoffteilen

Mola-Paneel mit der Darstellung von Seetieren (Würmer).

F 22 Galbis 1972

Carti, San Blas
VA 65181
Mola-Platte
52 x 39 cm

Mola: dunkelrot – pastellrot – graugrün – pastellgrau – grauweiß – kornblau
Vierlagig

Die Platte stellt einen Vogelbaum dar. Die Vögel, von der gleichen Struktur wie die Zweige gestaltet, sitzen auf den Zweigen.

F 23 Hartmann 1978

Achutupo, San Blas
VB 16300
Mola-Platte
32 x 42 cm

Mola: schwarz – weiß – rot – dunkelrot – knallrot – rosa – knallblau – graublau – gelbgrün – gelb – orange – ocker – violett
Dreilagig mit weiteren unter- bzw. aufgesetzten Stoffteilen

Das Paneel zeigt eine Kombination von floralen Formen mit zwei Vögeln, die mit ausgebreiteten Schwingen dargestellt wurden. Um eine unregelmäßige kreisförmige Mitte mit einem geviertelten Innenfeld gruppieren sich neun herzförmige Blüten, die Reihen mit punktartigen Quadraten aufweisen.

F 24, 25 Hartmann 1978

Rio Sidra, San Blas
VB 16267
Mola-Bluse
39,5 x 49 cm; 39,5 x 35 cm

Bluse: Die eingefaßten (rot, schwarz) Ärmel und die Passe bestehen aus gelbgrünem Satin, die Ärmelbündchen werden von einer grünen Zackenlitze abgeschlossen

Mola: schwarz – rot – orange – rosa – orange – gelb – gelbgrün – ocker – violett – blaugrün – knallblau – weiß
Dreilagig mit weiteren unter- bzw. aufgesetzten Stoffteilen

Die Paneele zeigen auf beiden Seiten Vögel. Die Vorderseite ist mit zwei auf einem Zweig sitzenden Papageien ausgestattet, während auf der Rückseite ein Tukan und ein nicht näher identifizierbarer Vogel sitzen.
Die obere Abschlußborte besteht aus einer farbigen Kreuz-Punkt-Musterung, die untere Einfassung aus einer umgeschlagenen unteren Stofflage.

F 26 Hartmann 1978

Mamitupo, San Blas
VB 16322
Mola-Bluse
43 x 52 cm; 43 x 40 cm

Bluse: Oberteil und Ärmel aus bedrucktem Stoff (grün, orange, schwarz), verschiedenfarbig eingefaßt

Mola: dunkelrot – hellrot – rosa – schwarz – hellviolett – dunkelviolett – graublau – dunkelblau – knallblau – hellgrün – dunkelgrün – blaugrün – gelbgrün – gelb – ocker – braun – orange – weiß
Zweilagig mit weiteren unter- bzw. aufgesetzten Stoffteilen

Beide Paneele weisen Darstellungen von Vögeln auf (Pelikane). Zwischen zwei großen, sich gegenüber sitzenden Tieren befindet sich ein Achsenkreuz, an dessen Enden weitere Vögel ruhen. Vom Achsenkreuz hängen zwei kalebassenartige Gebilde herab.
Der obere Abschluß der mola-Platte wird durch eine Zierborte aus applizierten Streifen- und Zackenmustern gebildet, die mit der Borte der Ärmelbündchen identisch sind.

F 27 Hartmann 1978

Carti, San Blas
VB 16242
Mola-Platte
35 x 44 cm

Mola: dunkelrot – rot – orange – rosa – schwarz – violett – knallblau – graublau – grün – hellgrün – oliv – ocker – maisgelb
Dreilagig

Vogelfalle: hinter einem mehrfarbigen Gitterwerk sitzen zwei reiherartige Vögel in einem hausähnlichen Käfig.

F 28 Hartmann 1978

Achutupo, San Blas
VB 16312
Mola-Platte
30,5 x 41,5 cm

Mola: weinrot – schwarz – rot – rosa – hellviolett – dunkelviolett – knallblau – graublau – blaugrün – gelbgrün – oliv – ocker – orange – gelb
Zweilagig mit weiteren unter- bzw. aufgesetzten Stoffteilen
Die Mittelachse des Paneels bildet eine Kokospalme mit ausgebreiteter Krone. Zwei kleine und zwei sehr große Früchte hängen zwischen Krone und Stamm herab. Dreiecke, Rechtecke, Trapeze, Punktationen und vielfach gezackte Linien füllen die mola.

F 29 Hartmann 1978

Wichubuala, San Blas
VB 16207
Mola-Platte
35 x 50 cm
Mola: schwarzgrau – hellgrün – tiefrot – weiß – maisgelb – hellgelb – rotviolett – kobaltblau – rosa – olivgelb
Dreilagig mit weiteren unter- bzw. aufgesetzten Stoffteilen
Das Paneel zeigt zwei Ananasfrüchte mit den dazugehörigen Blättern.

F 30 Hartmann 1978

Carti, San Blas
VB 16240
Mola-Platte
31 x 42 cm
Mola: orange – dunkelrot – hellrot – schwarz – grün – gelb – weiß
Vierlagig mit weiteren unter- bzw. aufgelegten Stoffteilen
Es handelt sich um eine sogenannte Bananenmola. Aufrecht gestellte, leicht gebogene Bananen füllen das Paneel.

F 31 Hartmann 1978

Carti, San Blas
VB 16245
Mola-Platte
35 x 42 cm
Mola: dunkelrot – grün – schwarz – rosa – violett – knallblau – graublau – dunkelgrün – hellgrün – gelb – ocker – orange
Dreilagig mit weiteren unter- bzw. aufgelegten Stoffteilen
Die Aufteilung der mola erfolgt durch zwei aufrecht stehende Rechtecke, in denen jeweils von oben und unten je zwei gestielte Blätter dargestellt sind, während das Zentrum aus einer vierblättrigen Blüte besteht, deren Mitte konzentrische Kreise aufweist. Die Blütenblätter weisen Fische bzw. Wasservögel auf.
Mola-Ausschnitt.

F 32 Hartmann 1978

San Ignacio de Tupile
San Blas
VB 16349
Mola-Platte
33,5x 42,5 cm
Mola: schwarz – hellgrün – rot – rosa – violett – knallblau – graublau – grün – gelb – orange
Zweilagig mit weiteren aufgesetzten bzw. unterlegten Stoffteilen
Das Paneel enthält zwei vierzackige Sternformen, von denen aus Streifen bestehende Schweife herunterhängen.
Weitere kleinere fünfzackige Sterne füllen die freien Flächen.

F 33 Hartmann 1978

Wichubuala, San Blas
VB 16201
Mola-Platte
39,5 x 43 cm
Mola: rotorange – kükengelb – schwarz – tiefrot – blau – hellgrün – graugrün – maisgelb – purpurrosa – hellviolett
Vierlagig mit unter- bzw. aufgesetzten Stoffteilen
Firmament-mola mit der Darstellung der Sonne im Zentrum, die von Monden (abnehmendem und zunehmendem) flankiert wird. Den oberen Abschluß des Paneels bilden Stoffstreifen (rot, orange, schwarz) mit aufgesetzter weißer Schmucklitze; der untere Abschluß erfolgt durch angehefteten bunten Stoffstreifen.

F 34 Hartmann

Playón Chico, San Blas
VB 16295
Mola-Platte
38 x 47 cm

Mola: schwarz – rot – rosa – blaugrün – gelbgrün – knallblau – graublau – zitronengelb – eigelb – orange
Zweilagig mit weiteren unter- bzw. aufgesetzten Stoffteilen

Eine fächerartige Form nimmt die Hauptfläche des Paneels ein. Auf ihr finden sich ein Baum mit Blättern und Blüten sowie mehrere Tiere, die teilweise beim Fressen sind. Im Griffteil des Fächers scheinen Schlangen angedeutet zu sein.

F 35, 36 Hartmann 1978

Rio Sidra, San Blas
VB 16266
Mola-Bluse
41 x 51 cm; 41 x 37,5 cm

Bluse: aus grüngelbem Stoff, mit Schmuckborten (rot) und Zackenlitzen (weiß, blau) eingefaßt

Mola: schwarz – braunrot – rot – rosa – violett – blaugrün – gelbgrün – dunkelgelb – hellgelb – orange – ocker – knallblau – graublau
Dreilagig mit weiteren unter- bzw. aufgesetzten Stoffteilen

Mola-Bluse mit der Darstellung eines Kleides bzw. Anzuges. Die Vorderseite weist ein Mädchenkleid, die Rückseite einen Knabenanzug mit Hosen auf. Das Mädchenkleid besitzt Puffärmel, Volants, Taschen und zusätzliche Ornamente in der Form von Blumen und Tieren. Neben dem Knabenanzug sind zwei menschliche Figuren mit erhobenen Armen aufgebracht. Verschiedene Blatt- und Baumformen wie auch schwarz konturierte farbige Dreiecke beleben an verschiedenen Stellen die Darstellung.
Schwarze Stoffeinfassung am unteren Blusenrand.

F 37 Kunsthandel 1976

VB 16064
Mola-Bluse
48 x 55 cm; 48 x 39 cm

Bluse: weißes Oberteil; grau-schwarze und rote Zierstreifen auf dem Schulter- und dem Halsteil

Mola: grauschwarz – hellorange – gelb – tiefrot – hellgrün – gelbgrün – gelb – knallblau – hellviolett – pastellviolett
Zweilagig und zahlreiche aufgesetzte bzw. unterlegte Stoffteile

Die beiden Seiten der mola-Bluse zeigen die gleiche figurale Anordnung. Es handelt sich um eine Rassel- bzw. Kalebassen-mola.
Schmucklitzen bilden den oberen Abschluß, während die mola unten von verschiedenfarbigen Stoffstreifen (gelbgrün, dunkelblau bzw. dunkelgrün, dunkelblau) begrenzt wird.

F 38 Kunsthandel 1976

VB 16033
Mola-Platte
46 x 36 cm

Mola: knallrot – schwarz – tieforange – knallgelb – knallblau – tiefviolett – graugrün – blaugrün – violettrot
Dreilagig mit aufgesetzten Stoffteilen

Teil einer Pfeifen-mola. Sie zeigt sechs Tabakspfeifen.

F 39 Hartmann 1978

Wichubuala, San Blas
VB 16202
Mola-Platte
40,5 x 45 cm

Mola: schwarz – grau – tiefrot – hellgelb – orange – grün – pastellrot – rotorange
Zweilagig mit unter- bzw. aufgesetzten Stoffteilen

Darstellung von Handmühlen.
Der obere Abschluß des Paneels erfolgt durch zwei Stoffstreifen (schwarz, pastellrot) mit aufgesetzter hellgelber Schmucklitze; der untere Rand wird von einem angesetzten schwarzgrauen Stoffstreifen begrenzt.

F 40 Hartmann 1978

Tupile, San Blas
VB 16252
Mola-Platte
33,5 x 42,5 cm

Mola: dunkelrot – orange – schwarz – rosa – violett – knallblau – dunkelgrün – hellgrün – gelb – weiß
Dreilagig mit weiteren unter- bzw. aufgesetzten Stoffteilen

Über die mola sind sechs Räuchergefäße für Kakaobohnen auf zwei Reihen verteilt, wobei jedem Behälter eine andersfarbige Kontur gegeben wurde.
Die untere Abschlußkante ist mit einem gemusterten Stoff eingefaßt; die obere Schmuckborte weist eine gelbe Zackenlitze auf.

F 41 Hartmann 1978

Rio Sidra, San Blas
VB 16280
Mola-Platte
36 x 43,5 cm

Mola: dunkelrot – hellrot – rosa – rotviolett – blauviolett – schwarz – blaugrün – gelbgrün – oliv – gelb – ocker – orange – knallblau – graublau
Zweilagig mit weiteren unter- bzw. aufgesetzten Stoffteilen

Macheten-mola. Vier Messer wurden mit der Spitze nach unten dargestellt, wobei je zwei mit der Schneide einander zugewandt sind. Kleine Tiere mit erhobenem Kopf und langem Schwanz sowie florale Muster, Umrisse von Baumformen, ein Windkreuz und ein sechszackiger Stern vervollständigen das Bild.

F 42 Kunsthandel 1976

VB 16065
Mola-Bluse
43 x 58 cm; 43 x 37,5 cm

Bluse: buntes grün-blau-weißes Oberteil; Zierstreifen (tiefrot, hellrot, maisgelb) am Anschnitt, grauweiße Zierlitzen am Armabschluß

Mola: dunkelgrün – knallrot – hellrot – orange – schwarz – knallblau – hellgelb – rosa – weiß
Dreilagig und aufgesetzte bzw. untergesetzte weitere Stoffteile

Sternförmig ornamentierte Bluse, in dessen Mittelpunkt eine Uhr steht.
Schmucklitzen (knallblau) auf rot-gelben Zierstreifen existieren als obere Abgrenzung, Zierstreifen (purpurrosa, geblümter, überwiegend dunkelblauer Stoff) als unterer Abschluß

F 43 Kunsthandel 1976

VB 16069
Mola-Bluse
42 x 50 cm; 42 x 33 cm

Bluse: buntes, geblümtes Oberteil mit Schmuckstreifen (goldgelb, schwarz, knallrot) und weißen Litzen am Ärmelabschluß

Mola: schwarzgrau – goldgelb – knallrot – hellorange – rosa – tiefgrün – knallblau – purpur
Dreilagig mit zahlreichen weiteren aufgesetzten Stoffteilen

Auf beiden Seiten sind deutlich ankerähnliche Wiedergaben bzw. Ankermotive erkennbar. Der Hinweis auf „Spiegel" (mirror bzw. espejo) sowie die Abbildung eines menschlichen Kopfes läßt als Vorbild ein Werbeplakat vermuten.
Den Abschluß bilden am Oberrand der mola gelbschwarze Streifen mit roten und orangenen Schmucklitzen und unten rote und bunte (violett, dunkelblau, gelb, grün) Stoffstreifen.
Vorderseite der mola und Ausschnitt von der Rückseite.

F 44 Kunsthandel 1976

VB 16068
Mola-Bluse
39 x 55 cm; 39 x 38 cm

Bluse: buntes Oberteil mit Schmuckstreifen (schwarz, orange, dunkelblau, tiefrot) und gelben Litzen am Ärmelabschluß

Mola: knallrot – schwarz – knallblau – maisgelb – gelbgrün – hellorange – rosa – weiß
Dreilagig mit aufgesetzten weiteren Stoffteilen

Die mola zeigt auf beiden Seiten drei Männer, die über Strohhalme gleichzeitig aus mehreren Flaschen trinken. Die unvollständige Übernahme des Wortes Whisky (wiski) auf die mola deutet an, daß es sich um Flaschen mit Whisky handelt. Vermutlich ist das Vorbild für die Darstellung in einem Werbeplakat zu suchen. Schmuckstreifen bzw. Litzen am oberen Rand (hellbraun, schwarz, gelb, knallrot, gelbgrün) und bunter Stoffstreifen als unterer Abschluß der mola-Bluse.

F 45, 46 Hartmann 1978

Rio Sidra, San Blas
VB 16268
Mola-Bluse
41,5 x 51,5 cm; 41,5 x 34 cm

Bluse: aus gemustertem synthetischem Trikotstoff, mit Stoffleisten (rot, schwarz, orange) eingefaßt. Ärmelbund mit gelber Zackenlitze versehen
Mola: rot – schwarz – knallblau – graublau – violett – rosa – hellgelb – dunkelgelb – grün – orange – weiß
Zweilagig mit weiteren unter- bzw. aufgesetzten Stoffteilen

Wahrscheinlich eine Masken-mola bzw. Karneval-mola. Das Zentrum beider Plattenseiten wird von einer Art Steuerrad eingenommen, ein Anker mit dem Ankerhaken ist dahinter sichtbar. Im Mittelteil des Steuerrades, das mit Schlangenlinien besetzt ist, erscheint die Darstellung eines Maskenkopfes.
Vermutlich ist die Kenntnis des Karnevals über einen Schiffsbesuch zu den Cuna gelangt.
Das allein vollständige Wort mascarades ergibt einen zusätzlichen Hinweis.
Obere gemusterte Borteneinfassung (blau – grün).

F 47 Kunsthandel 1978

VB 16162
Mola-Platte
43,5 x 37 cm

Mola: violettblau – dunkelrot – rosa – knallblau – hellgelb – orangegelb – schwarz – weiß – hellgrün – graugrün
Zweilagig mit unter- oder aufgesetzten Stoffteilen

Paneel mit vier anthropomorphen Gesichtern. Angeblich handelt es sich um die Wiedergabe fliegender Drachen.

F 48 Hartmann 1978

San Blas
VB 16361
Mola-Platte
32,5 x 44 cm

Mola: dunkelrot – kobaltblau – schwarz – rosa – violett – knallblau – hellblau – hellgrün – dunkelgrün – gelb – ocker – orange – weiß
Zweilagig mit weiteren aufgesetzten bzw. unterlegten Stoffteilen

Zwei männliche Figuren mit Hut und Stiefeln sitzen an einem Tisch, auf dem vier bauchige Flaschen mit der Aufschrift R (= Rum?), zwei Gläser, ein Blatt Papier mit angedeuteter Schrift und eine Zigarettenschachtel mit zwei markierten Zigaretten liegen bzw. stehen. Der rechte Mann hält eine Zigarette in der erhobenen linken Hand. Über den Köpfen der Männer schweben wolkenartige Gebilde.

F 49 Hartmann 1978

Mamitupo, San Blas
VB 16330
Mola-Platte
34 x 44 cm

Mola: tiefrot – orange – dunkelrot – weiß – rosa – rotviolett – blauviolett – knallblau – graublau – hellgrün – blaugrün – dunkelgrün – gelb – ocker – orange – schwarz
Zweilagig mit weiteren unter- bzw. aufgesetzten Stoffteilen

Paneel mit einer zirzensischen Darstellung. Ein Zirkus-Elefant mit Hut, Kragen und einer Fahne im Rüssel ist mit den Vorderbeinen auf einen Kasten gestiegen. Neben ihm spielt ein Mann mit Hut auf einer Gitarre. Zwischen beiden steht ein runder Gegenstand. Drei pflanzenartige Formationen, zwei davon mit einem Tierkopf, umrahmen die Zirkusszene.

F 50 Hartmann 1978

Carti, San Blas
VB 16239
Mola-Platte
49 x 41,5 cm

Mola: schwarz – orange – rot – rosa – violett – knallblau – blaugrün – zitronengelb – maisgelb – ocker
Dreilagig mit weiteren unter- bzw. aufgelegten Stoffteilen

Die Platte zeigt unter einem wimpelgeschmückten Torbogen einen sitzenden Mann mit erhobenem Arm. Er sitzt auf einem Stuhl hinter einem Tisch. Über seinem Haupt fliegt ein großer Vogel mit einem rautenförmigen Anhänger am Hals. Der Vogel nimmt fast den ganzen Torbogen mit seiner bunt gefiederten Gestalt ein. Blumen und ein Kreuz liegen auf dem Tisch, um den herum zwei weitere Männer postiert sind. Alle drei Männer tragen an einem Halsband ein Kreuz.

F 51 Hartmann 1978

Carti, San Blas
VB 16246
Mola-Platte
45,5 x 56,5 cm

Mola: rot – dunkelrot – schwarz – violett – blau – grün – gelb – orange, stark ausgeblichen
Zweilagig mit weiteren unter- bzw. aufgelegten Stoffteilen

Darstellung eines Hahnenkampfes. Zwei Hähne stehen sich in Kampfhaltung gegenüber. Sie sind zusätzlich mit je zwei Armen versehen: die vorderen, deren Enden mit Zakken ausgestattet sind, berühren einander; die hinteren Arme sind gegeneinander erhoben. Zwischen ihren Beinen steht ein kleiner Vogel. Der untere Abschluß ist gezackt.

F 52 Galbis 1972

Carti, San Blas
VA 65178
Mola-Platte
48 x 40 cm

Mola: dunkelrot – rosa – braunrot – schwarzgrau – violett – grauweiß – graugrün – maisgelb
Dreilagig mit anderen unterlegten Stoffteilen

Das Paneel gibt eine Darstellung, die wahrscheinlich in wesentlichen Teilen einem Magazin entnommen wurde: unter zwei zoomorphen Wesen befindet sich eine kleine Zigarettenbox. Die ebenfalls übernommenen durcheinandergewürfelten Buchstaben sind nicht zu entziffern.

F 53 Hartmann 1978

Tupile, San Blas
VB 16250
Mola-Platte
38,5 x 47,5 cm

Mola: schwarz – rot – rosa – knallblau – grün – gelb – orange – weiß
Zweilagig mit weiteren unter- bzw. aufgesetzten Stoffteilen

Mola-Platte mit der Darstellung tanzender Mädchen.
Die ganze Fläche wird ausgefüllt durch drei Reihen von je sechs an den ausgestreckten Armen sich haltender Mädchenfiguren. Sie haben abstehende Zöpfe und ihre Gesichter sind deutlich gekennzeichnet. Als Röcke dienen rotumrandete farbige Dreiecke, die auch die Zwischenräume füllen. Die Figuren der oberen Reihe und zwei aus der mittleren sind durch von den Augen ausgehende Stickereilinien als weinend markiert.
Eine kleine schalenartige Darstellung befindet sich am oberen Rand der mola-Platte. Die obere Zierborte besteht aus einer grünen Zakkenlitze.

F 54 Kunsthandel 1976

VB 16045
Mola-Platte
51,5 x 38 cm

Mola: blaugrün – knallrot
Zweilagig

Geometrisch-figurale Darstellung.

F 55 Galbis 1972

Carti, San Blas
VA 65176
Mola-Platte
47 x 40 cm

Mola: dunkelrot – orange – maisgelb – pastellgelb – grüngelb – gelbgrün – schwarz – schwarzgrau – knallblau – hellviolett
Vierlagig mit weiteren untergelegten Stoffteilen

Die mola-Platte gibt einen laufenden Fußballspieler wieder, wobei die Beine erheblich vergrößert dargestellt sind. Die übernommene englische Bezeichnung für Fußball ist dabei sowohl in der direkten wie in der Spiegelschrift falsch übertragen worden.

F 56, 57 Kunsthandel 1976

VB 16061
Mola-Bluse
47 x 58,5 cm; 47 x 45 cm

Bluse: grün-weiß-blau gemustertes Oberteil mit Hals- und Armabschlüssen aus grauschwarzen, rotlilanen, orangenen Stoffstreifen mit aufgesetztem gelben Mäandermuster

Mola: goldgelb – smaragdgrün – schwarz – knallrot – orange – knallblau – rosa – weiß – fliederfarbig
Vierlagig mit zahlreichen aufgesetzten bzw. untergesetzten Stoffteilen

Die mola-Bluse zeigt auf beiden Seiten unterschiedliche Wiedergaben. Ein fliegender Kolibri mit einer menschlichen Gestalt auf dem Rücken ziert die Vorderseite; die Rückseite zeigt liegende, schwimmende und laufende menschliche Figuren. Die Hauptfigur wird überdeutlich von einem Moskito in die Verlängerung des Rückens gestochen.
Ein schwarz-weißer Zierstreifen schließt die mola am unteren Ende ab.

F 58 Hartmann 1978

Mamitupo, San Blas
VB 16327
Mola-Platte
33,5 x 43,5 cm

Mola: rot – grünschwarz – schwarz – hellrosa – dunkelrosa – rotviolett – graublau – kobaltblau – knallblau – hellgrün – dunkelgrün – gelbgrün – gelb – ocker – orange – weiß
Zweilagig

Das Paneel wird durch zwei aufrecht angeordnete Riesenfische eingenommen. Ein im Zentrum stehender Mann mit Hut und in Stiefeln hat beide Fische an einer Angelschnur. Mehrere kleine Fische und eine Schlange sind um die Hauptdarstellung gruppiert.

F 59 Galbis 1972

San Blas
VA 65174
Mola-Platte
41 x 32 cm

Mola: dunkelrot – rosa – maisgelb – grüngelb – gelbgrün – graugrün – schwarz – hellblau – ultramarinblau – weiß – rotviolett
Vierlagig

Die Platte überliefert eine Jagdszene. Im linken Teil wird ein großer Fisch von zwei Männern harpuniert bzw. mittels eines Angelhaken gefangen. Den rechten Teil der erzählenden Wiedergabe nimmt ein übergroßer Vogel ein.

F 60, 61 Hartmann 1978

Tupile, San Blas
VB 16248
Mola-Bluse
43 x 53 cm; 43 x 36,5 cm

Bluse: Grüner Kunstseidenstoff, verziert mit verschiedenfarbigen Zackenlitzen (schwarz, dunkelrot, rot, gelb)

Mola: rot – schwarz – dunkelrot – rosa – violett – knallblau – dunkelgrün – hellgrün – gelb – orange – weiß
Zweilagig mit weiteren unter- bzw. aufgelegten Stoffteilen

Darstellung einer Rochen-Jagd. Auf beiden Seiten der mola-Bluse, aber spiegelbildlich zueinander angeordnet, wird ein diagonal aufgebrachter Rochen von menschlichen Figuren und einem Vogel umgeben. Bei den Menschen handelt es sich um je zwei Männer mit Hüten, von denen einer mit einer Harpune auf den

Rochen zusticht und zwei dazulaufende Menschen (offenbar ein Mann und eine Frau) mit erhobenen Armen, während der Vogel seinen Schnabel in einen kleinen Fisch bohrt.
Die obere Abschlußborte besteht aus farbigen Linien- und Zackenornamenten; der untere Rand wurde mit einem Stoffstreifen eingefaßt.

F 62 Hartmann 1978

Rio Sidra, San Blas
VB 16273
Mola-Platte
44,5 x 47,5 cm
Mola: tiefrot – schwarz – knallrot – rosa – rotviolett – blauviolett – blaugrün – gelbgrün – ocker – gelb – kobaltblau – knallblau – orange – weiß
Zweilagig mit weiteren unter- bzw. aufgesetzten Stoffteilen
Hähnchen beim Schuppen eines Fisches.
Im Mittelpunkt der Darstellung steht ein Hahn mit menschenähnlichen Attributen: in der rechten Hand hält er einen großen, nach unten hängenden Fisch am Schwanz, während er mit der linken Hand ein großes Messer umschließt. Drei kleine Fische umkreisen diese Darstellung.
Den Abschluß des unteren Randes bildet ein violetter Stoffstreifen. Der obere Abschluß besteht aus einer Borte mit Zackenlitze.

F 63 Hartmann 1978

Achutupo, San Blas
VB 16302
Mola-Platte
35 x 47,5 cm
Mola: rot – grün – schwarz – rotbraun – hellrosa – rosa – dunkelrosa – hellviolett – dunkelviolett – hellblau – knallblau – zitronengelb – eigelb – orange – blaugrün – gelbgrün – oliv – ocker – weiß
Dreilagig mit weiteren unter- bzw. aufgesetzten Stoffteilen
Paneel mit der Wiedergabe eines Schildkrötenfangs. In der Aufsicht sind zwei Seeschildkröten dargestellt, zwischen deren Köpfen sich zwei Männer in einem Boot befinden. Einer der Männer wirft eine Harpune in Richtung der einen Schildkröte. Zwei weitere kleinere Meerestiere bereichern das Bild.

F 64 Galbis 1972

Yantupo, San Blas
VA 65175
Mola-Platte
47 x 41 cm
Mola: dunkelrot – maisgelb – blaßgelb – orange – knallblau – grauweiß – schwarz – grauviolett – graublau – oliv – tiefviolett – weiß
Farben teilweise verwaschen
Dreilagig und weitere unterlegte Stoffteile
Die Platte zeigt eine Jagddarstellung.
Im Mittelpunkt der mola kämpft ein Mann mit einer Schlange. Ihn umgeben von rechts nach links ein Mann mit einem Gewehr im Anschlag, ein springendes Tier (Hund?) und fünf Männer, die sich zum Teil in tanzender Stellung befinden.

F 65 Hartmann 1978

Playón Chico, San Blas
VB 16292
Mola-Bluse
41 x 52 cm; 41 x 34 cm
Bluse: aus kräftig gelb-grünem Baumwollstoff; die Bündchen an den Ärmeln besitzen applizierte Z-Formen
Mola: rot – knallblau – hellblau – blaugrün – gelbgrün – hellgelb – dunkelgelb – orange – rosa – violett – schwarz
Zweilagig mit weiteren unter- bzw. aufgesetzten Stoffteilen
Auf beiden mola-Paneelen ist je ein Vogel mit erhobenen Schwingen dargestellt. Im Schnabel hält er eine sich windende Schlange.
Den oberen Abschluß der mola-Platten bilden farbige applizierte Z-Formen; der untere Abschluß wird durch eine gemusterte Rüsche gestaltet.

F 66 Hartmann 1978

Achutupo, San Blas
VB 16304
Mola-Platte
29 x 41,5 cm

Mola: schwarz – orange – rot – hellrosa – rosa – dunkelrosa – violett – graublau – knallblau – hellgrün – dunkelgrün – gelbgrün – gelb – ocker – orange
Zweilagig mit weiteren unter- bzw. aufgesetzten Stoffteilen

Ein affenartiges Tier mit einem sich ringelnden Schwanz sitzt in einer breiten, blütenartigen Form. Außerdem sind florale Muster, Dreiecke und die büstenartigen Köpfe zweier Tiere vorhanden.

F 67 Hartmann 1978

Achutupo, San Blas
VB 16306
Mola-Platte
34,5 x 45 cm

Mola: schwarz – knallrot – dunkelrot – hellrosa – dunkelrosa – violett – knallblau – graublau – gelbgrün – blaugrün – hellgelb – dunkelgelb – orange – weiß
Zweilagig mit weiteren unter- bzw. aufgesetzten Stoffteilen

Ratten-Fallen.
Darstellung von zwei Ratten (?), die übereinander angeordnet, mit einem Halsband an einen Pfahl angebunden sind. Geometrische Formen (Quadrate, Spiralen) füllen die Fläche.

F 68 Hartmann 1978

Mamitupo, San Blas
VB 16326
Mola-Platte
30,5 x 40,5 cm

Mola: dunkelrot – graublau – schwarz – rosa – hellrotviolett – dunkelrotviolett – blauviolett – blau – blaugrün – gelbgrün – oliv – ocker – graugelb – orange
Zweilagig mit weiteren unter- bzw. aufgesetzten Stoffteilen

Wiedergabe des Enthülsens von Reiskörnern in einem Mörser. Ein Menschenpaar steht vor einem Mörser; die rechts stehende Frau hat den Stößel senkrecht in das Gefäß gestoßen, der Mann hält seinen Stößel in der erhobenen Hand.
Die Komposition wird umrahmt von blattförmigen Bäumen.

F 69, 70 Hartmann 1978

Rio Sidra, San Blas
VB 16269
Mola-Bluse
42 x 50,5 cm; 42 x 35,5 cm

Bluse: Baumwollkrepp (orange) mit Stoffleisten (rot, schwarz, gelb, grün) eingefaßt. Gelbe Zackenlitzen als Schmuck

Mola: tiefrot – schwarz – rosa – knallblau – kobaltblau – dunkelgrün – hellgrün – oliv – orange – gelb – weiß – dunkelviolett – hellviolett
Zweilagig mit weiteren unter- bzw. aufgesetzten Stoffteilen

Auf beiden Seiten erfolgt mit geringen ornamentalen Veränderungen die Wiedergabe der Mondfinsternis: der Himmelsdrachen versucht den Mond zu verschlingen. Der Mond ist als vielfarbige Sichel dargestellt, den der Himmelsdrachen bereits zwischen den Zähnen hält. Ein Behälter und fünfzackige Sterne umgeben den Drachen auf der einen Seite, während es auf der Rückseite vierblättrige Blütenformen und ein kleineres Tier sind.

F 71, 72 Kunsthandel 1976

VB 16066
Mola-Bluse
45 x 59 cm; 45 x 40 cm

Bluse: zyklamrotes Oberteil mit Zierstreifen (blaßrot, schwarz, hellbraun, schwarz, gelb) und tiefgrünen Litzen

Mola: knallrot – rosa – schwarz – dunkelgrün – maisgelb – knallblau – hellorange – weiß – glockenblumenviolett
Dreilagig und aufgesetzte bzw. untergesetzte weitere Stoffteile

Vorder- und Rückseite differieren in der Wiedergabe. Die Vorderseite zeigt den Kampf zwischen einer Schlange und einem drachenähnlichen Tier. Daß es sich tatsächlich um eine Schlange handeln soll, wird aus der Unterschrift „culebra“ ersichtlich (Ausschnitt-Vergrößerung F 72).
Die Rückseite zeigt ebenfalls eine Schlange sowie ein liegendes Mischwesen mit einem behüteten menschlichen Kopf, das mit den Armen ein Gewehr führt, während die unteren Proportionen einem Fischleib zugehörig erschei-

nen. Ein Vogel ist in das Mischwesen einkomponiert (F 71).
Den oberen Abschluß bilden schwarz-weiß-rote Streifen mit hellgelber Zickzack-Litze; unten ist an die mola ein bunter Stoffstreifen angenäht.

F 73 Hartmann 1978

Rio Sidra, San Blas
VB 16279
Mola-Platte
34 x 43 cm
Bluse: tiefrot – schwarz – graublau – hellviolett – dunkelviolett – knallblau – gelbgrün – gelb – ocker – orange – blaugrün – rosa
Dreilagig mit weiteren unter- bzw. aufgesetzten Stoffteilen
Ein menschenähnliches Wesen (Schamane?) trägt einen Opferbehälter vor sich. Es wird umgeben von einer sich beugenden kleinen menschlichen Gestalt, Schlangen, einer Fledermaus und einem Stern.

F 74 Hartmann 1978

Rio Sidra, San Blas
VB 16282
Mola-Platte
41 x 54 cm
Mola: tiefrot – orange – hellrot – schwarz – knallblau – grün – ocker – gelb – rosa – violett – weiß
Dreilagig mit weiteren unter- bzw. aufgesetzten Stoffteilen
Zwei mondsichelartige Hörner stehen einander mit der Öffnung gegenüber. An ihre Enden sind tierische bzw. menschliche Köpfe im Profil eingearbeitet. Zwei tierische Köpfe mit gebleckten Zähnen und herausgestreckter Zunge stehen zwei Frauenköpfen gegenüber. Das Zentrum der mola-Platte wird von einem Tigerkopf eingenommen, der von den Seiten von je einem fünfzackigen Stern flankiert ist. Weitere Sterne füllen Zwischenräume und Ecken der Bildfläche.

F 75 Hartmann 1978

Carti, San Blas
VB 16241
Mola-Platte
37,5 x 32,5 cm
Mola: tiefrot – hellrot – schwarz – rosa – violett – knallblau – graublau – blaugrün – gelbgrün – hellgelb – dunkelgelb – braun
Dreilagig mit weiteren unter- bzw. aufgelegten Stoffteilen
Mola mit geometrisch-abstrakter Darstellung.

F 76, 77 Hartmann 1978

Rio Sidra, San Blas
VB 16271
Zwei Mola-Platten
83,5 x 35 cm
Mola: schwarz – hellgelb – rot – rosa – kobaltblau – knallblau – violett – hellgrün – dunkelgrün – gelbgrün – gelb – orange – weiß
Dreilagig mit weiteren unter- bzw. aufgesetzten Stoffteilen
Darstellung von zwei kreisförmigen Medaillons mit Pferde- bzw. Papageienköpfen. Die Medaillons stehen jeweils auf einem Trapez.
Bildausschnitt.

F 78 Hartmann 1978

Carti, San Blas
VB 16238
Mola-Platte
40 x 51,5 cm
Mola: rot – orange – schwarz – rosa – violett – knallblau – blaugrün – gelbgrün – maisgelb – zitronengelb – ocker
Dreilagig mit unter- bzw. aufgelegten Stoffteilen
Die mola-Platte ist motivmäßig dem Werbe-Etikett einer schwedischen Streichholzschachtel nachgebildet worden. Sie zeigt einen Vogel (Papagei) mit ausgebreiteten Flügeln, der in seinen Krallen ein geschwungenes Spruchband mit dem Text „Parot Safety Match Made in Sweden" führt.

F 79 Hartmann 1978

San Blas
VB 16383
Mola-Platte
32,5 x 40,5 cm

Mola: dunkelblau – weiß – rosa – rot – violett – knallblau – graublau – grün – gelb – orange
Zweilagig mit weiteren aufgesetzten bzw. unterlegten Stoffteilen

Von einem Stab, um den sich zwei Schlangen in Gegenbewegung winden, gehen zwei ausgebreitete Flügel aus. Über dem Stab befindet sich ein vierzackiger Stern mit einem Kreuz in der Mitte.
Es handelt sich um eine Nachahmung des Äskulap-Zeichens.

F 80 Galbis 1972

Ustupo, San Blas
VA 65180
Mola-Platte
51 x 40 cm

Mola: dunkelrot – rosa – orange – braunrot – schwarzgrau – graugrün – grauweiß – maisgelb – knallblau – pastellgelb
Dreilagig mit untergelegten Stoffteilen

Die Platte ist die Imitation einer Werbung für „Soda cracker". Mit einigen Schwierigkeiten läßt sich entziffern: „Galletas Preparadas" (Zubereiteter Schiffzwieback).

F 81 Kunsthandel 1976

VB 16071
Mola-Bluse
47,5 x 56 cm; 47,5 x 40 cm

Bluse: buntes Oberteil mit Schmuckstreifen
Mola: purpur – hellorange – knallrot – schwarz – hellgelb – knallblau – hellgrün – giftgrün – weiß
Dreilagig mit mehreren weiteren aufgesetzten bzw. unterlegten Stoffteilen

Das Vorbild für diese mola scheint eine Werbung gewesen zu sein: Ein ovales Kreismotiv mit Schlange wird von Sternsymbolen und der Inschrift „This well defend" umschlossen.

Abschluß oben: Schmuckstreifen (schwarz, knallrot, knallblau) mit hellorangener Litze.
Abschluß unten: bunter Stoffstreifen.

F 82 Hartmann 1978

Rio Sidra, San Blas
VB 16274
Mola-Platte
37 x 42,5 cm

Mola: dunkelrot – schwarz – knallrot – violett – rot – rosa – ultramarinblau – graublau – gelb – gelbgrün – blaugrün – violett – orange – gelb – ocker
Zweilagig mit weiteren unter- bzw. aufgesetzten Stoffteilen

Aus zwei kreisrunden Medaillons schauen die Köpfe zweier Ungeheuer (Monster) hervor, die bebrillt und zähnefletschend dargestellt sind. Weitere zwei teufelartige Wesen mit Hörnern auf dem Kopf und erhobenen Armen verteilen sich auf dem Paneel.
Der untere Rand wird eingefaßt von einem violetten Stoffstreifen; den oberen Rand begrenzt eine farbige Borte mit orangener Zackenlitze.
Mola-Ausschnitt.

F 83 Kunsthandel 1976

VB 16070
Mola-Bluse
52 x 59 cm; 52 x 45 cm

Bluse: buntes Oberteil mit Schmuckstreifen (goldgelb, schwarz, helltürkis) und goldgelben Litzen am Ärmelabschluß
Mola: grauschwarz – knallrot – hellorange – hellgelb – hellblau – dunkelblau – rosa – hellgrün – dunkelgrün – weiß – hellila
Dreilagig mit zahlreichen weiteren aufgesetzten bzw. unterlegten Stoffteilen

Die mola-Bluse zeigt auf beiden Seiten einen auf den Kopf gestellten Helikopter.

Abschluß oben: Schmuckstreifen (goldgelb, schwarz, hellgelb) mit einer roten Litze.
Abschluß unten: schwarze und bunte Stoffstreifen.

F 84, 85 Kunsthandel 1976

VB 16060
Mola-Bluse
46 x 56 cm; 46 x 40 cm

Bluse: grünes Cordoberteil, eingefaßt mit grauschwarzen, roten, hellgelben Stoffstreifen; an den Ärmeln sind goldgelbe Litzen auf grauschwarz genäht.
Mola: schwarz – hellviolett – weiß – knallrot – graugrün – olivgrün – smaragdgrün – goldgelb – knallgelb – zitronengelb – dunkelgelb – melonenorange – graublau
Zweilagig mit zahlreichen untergesetzten bzw. aufgesetzten weiteren Stoffteilen

Die mola-Bluse zeigt christlich-religiöse Motive auf Vorder- und Rückseite: Engel in verschiedener Gestalt, Kirchenglocken, Kreuze, Kelchformen sowie figural-ornamentale Darstellungen.

F 86 Hartmann 1978

Carti, San Blas
VB 16244
Mola-Platte
41 x 49 cm

Mola: dunkelrot – rosa – schwarz – knallblau – graublau – grüngelb – orange
Dreilagig mit weiteren unter- bzw. aufgesetzten Stoffteilen

Fast die gesamte Fläche der mola-Platte wird durch die Darstellung eines moscheeartigen Gebäudes mit kuppelüberwölbtem Mittelbau und zwei flankierenden kleineren Gebäuden eingenommen. Alle Bauwerke sind mit einem gewellten Turm, auf dem sich ein liegender Halbmond und ein vierzackiger Stern befindet, ausgestattet. Zahlreiche, verschieden geformte Zinnen im mittleren und unteren Bildteil sowie weitere Halbmonde mit fünfzackigem Stern füllen die Fläche.
Der untere Abschluß besteht aus einem Volant aus gelbem Rips, der obere aus einer mehrfarbigen Borte (rot, weiß, schwarz) mit Zackenlitze.

F 87 Hartmann 1978

San Ignacio de Tupile
San Blas
VB 16350
Mola-Platte
32,5 x 42,5 cm

Mola: schwarz – rot – rosa – violett – knallblau – graublau – blaugrün – gelbgrün – gelb – orange
Zweilagig mit weiteren aufgesetzten bzw. unterlegten Stoffteilen

Das Paneel zeigt einen Engel in langem Gewand, der sich über ein kleines Kind beugt. Das Kind liegt in einem korbartigen Bett. Posaunen- und Trompetendarstellung begrenzen die oberen Ecken.

F 88 Hartmann 1978

Rio Sidra, San Blas
VB 16281
Mola-Platte
35 x 44 cm

Mola: schwarz – rot – violett – grün – gelb – ocker – orange – rosa – knallblau – weiß
Zweilagig mit weiteren unter- bzw. aufgesetzten Stoffteilen

Darstellung der Maria auf einem kreisrunden Medaillon. In der linken Hand trägt sie einen Lilienzweig, auf der Brust ein Herz mit Strahlenkranz, das von einem Schwert durchbohrt wird. Als applizierte Inschrift steht auf dem Medaillonrand zu lesen: „Santa Maria, Nuestro Madre".
Vierzackige Sterne innerhalb des Medaillons sowie zwei Menschen mit erhobenen Armen und zwei männliche Büsten außerhalb des Kreises vervollständigen das mola-Paneel.

F 89 Hartmann 1978

Wichubuala, San Blas
VB 16208
Mola-Platte
43 x 46,5 cm

Mola: tiefrot – schwarz – goldgelb – primelgelb – maisgelb – knallblau – rosa – pastellviolett – hellgrün – pastellgrün – weiß – fliederfarbig
Dreilagig mit weiteren unter- bzw. aufgesetzten Stoffteilen

Kreuzigungsszene.
Oberer Abschluß: drei Stoffstreifen (primelgelb, schwarz, tiefrot) mit aufgesetzter weißer Schmucklitze.
Unterer Abschluß: angenähter goldgelber Stoffstreifen.

F 90 Hartmann 1978

Carti, San Blas
VB 16243
Mola-Platte
34 x 39 cm
Mola: rot – schwarz – rosa – orange – gelb – grün – knallblau
Zweilagig mit weiteren unter- bzw. aufgesetzten Stoffteilen
Kreuzigungsdarstellung. Um das Kruzifix herum sind Blumen- und Blätterranken angeordnet. Auf dem Kopf des Gekreuzigten ist eine Dornenkrone angedeutet, über der das Wort „Jesucris" erscheint.

F 91 Hartmann 1978

Rio Sidra, San Blas
VB 16278
Mola-Platte
40 x 40 cm
Mola: dunkelrot – schwarz – tiefrot – rosa – hellgrün – dunkelgrün – olivgrün – oliv – violett – knallblau – orange – gelb – ocker
Zweilagig mit weiteren unter- bzw. aufgesetzten Stoffteilen
Kruzifix-Darstellung. Der senkrechte Kreuzstamm findet seine Fortsetzung in einem Blumengarten. Blumenranken füllen auch die Flächen zu beiden Seiten der Arme des Gekreuzigten. Oberhalb seines Hauptes ist die zusammenhangslos übernommene Inschrift Tpzucydipo (vielleicht aus Cruzifico) zu lesen. Auf seiner Brust findet sich ein Kreuz. Durch die Hand geschlagene Nägel sind in der linken Handfläche durch Stickerei angedeutet. Lendentuch und florale Formen zieren die Darstellung.
Oberer Abschluß durch zweifarbige Zackenlitze (gelb, ocker).
Unterer Abschluß durch Einfassung mit gemustertem Stoff.

F 92 Hartmann 1978

Mamitupo, San Blas
VB 16329
Mola-Platte
36 x 42,5 cm
Mola: dunkelrot – schwarz – orange – rosa – rotviolett – blauviolett – knallblau – kobaltblau – blaugrün – gelbgrün – gelb – ocker – orange
Dreilagig mit weiteren unter- bzw. aufgesetzten Stoffteilen
Das Paneel zeigt ein asymmetrisches, verschlungenes Ornament mit unterschiedlich großen Glocken, einer Pfeife und verschiedenen dreifach verzweigten Formen. Letztere haben aufgestickte Gesichter. Teilweise sind die Konturen zackig ausgeschnitten worden, z. T. wurden auch fertige Zackenlitzen verwendet.

F 93 Hartmann 1978

Mamitupo, San Blas
VB 16328
Mola-Platte
31 x 44 cm
Mola: rot – schwarz – schwarz – rosa – rotviolett – blauviolett – graublau – knallblau – blaugrün – gelbgrün – oliv – braun – ocker – orange – weiß
Zweilagig
Zentrum der Wiedergabe bildet ein Kreuz mit der applizierten Inschrift: I PAZ EN LA TIERRA. Vier Vögel sind um dieses Zentrum gruppiert: zwei sitzen seitlich auf kleinen Bäumen, zwei fliegen oberhalb des Kreuzes. Fünf fünfzackige Sterne umgeben das Kreuz.

F 94 Kunsthandel 1976

VB 16048
Mola-Bluse
42,5 x 47 cm; 42,5 x 37 cm
Bluse: maisgelbes Oberteil; Schultern, Ausschnitt und Armabschluß durch grauschwarze, rote und blaue Stoffstreifen.
Am Armabschluß weiße aufgenähte Litzen.

Mola: knallrot – grauschwarz – weiß – gelb – blaßgelb – knallblau – pastellblau – blaugrau – tiefgrün – violett – hellorange
Zweilagig mit zahlreichen untergesetzten bzw. aufgesetzten Stoffteilen
Vermutlich eine politische mola, aus Anlaß des Jahres 1971 angefertigt, die Buchstaben und Wappen der Republik Panama zeigt, welche in einen Fischkörper eingearbeitet wurden.
Vorder- und Rückseite der mola-Bluse unterscheiden sich farblich und gestaltungsmäßig unwesentlich voneinander.

F 95 Galbis 1972

Aquatupo, San Blas
VA 65192
Mola-Platte
50 x 39 cm
Mola: dunkelrot – braunrot – hellrot – maisgelb – hellgelb – schwarzgrau – graugrün – weißgrau – blaßviolett – glokkenblumenblau (graublau) – himmelblau
Dreilagig mit unterlegten Stoff-Flicken
Es handelt sich um eine politische mola mit dem Emblem der Landarbeiter-Partei „Partido Laborista Agrario".

F 96 Kunsthandel 1976

VB 16078
Mola-Platte
51 x 39 cm
Mola: grauschwarz – schwarzgrau – weiß – knallrot – rosa – hellorange – hellgelb – graugrün – knallblau – hellviolett
Zweilagig mit unter- bzw. aufgesetzten Stoffteilen
Paneel mit politischer Darstellung. Vermutlich handelt es sich um die Umsetzung eines Wahlkampf-Plakates. Die Worte liberacion (= Befreiung), nacional (= national), movimiento (= Volks)bewegung) und presidente (= Präsident) sind, wenn auch z. T. unvollständig in den Buchstaben, lesbar.
Der auf der mola dargestellte Mann zerbricht eine Kette, die um seine Handgelenke geschlungen waren.

F 97 Kunsthandel 1976

VB 16043
Mola-Platte
40 x 35,5 cm
Mola: knallblau – knallrot – weiß – dunkelbraun – schwarzgrau – tiefgrün – rosa – dunkelgelb
Dreilagig mit unterlegten Stoffteilen
Politisch-geographische mola-Platte mit der Darstellung des Staates Panama und seiner einzelnen Provinzen. Im oberen rechten Teil befindet sich die Comarca, der heute wichtigste Lebensraum der Cuna.

1 Galbis, 1972
Naranjo Grande, San Blas
VA 65164
Mola-Platte
46 x 33 cm
Mola: schwarz – dunkelorange – dunkelrot
zweilagig
Die Mola-Platte weist eine horizontal verlaufende geometrische schlangenlinienähnliche Musterung auf.

2 Galbis 1972
Naranjo, San Blas
VA 65163
Mola-Platte
47 x 34 cm
Mola: schwarz – dunkelorange – dunkelrot
Dreilagig
Das Paneel weist eine horizontal verlaufende geometrische, kettenähnliche Musterung auf.

3 Kunsthandel 1976
VB 16037
Mola-Platte
39 x 30 cm
Mola: schwarzgrau – rosaweiß
Zweilagig
Spiralenartiges Muster, das sich an alten Vorbildern orientiert.

4 Galbis 1972
Naranjo Chico, San Blas
VA 65165
Mola-Platte
46 x 36 cm
Mola: schwarz – pastellrot – weißgrau
Alle Farben ausgeblichen
Dreilagig
Die Platte weist schräg verlaufende geometrische Musterung auf.

5 Hartmann 1978
Tigre, San Blas
VB 16291
Mola-Platte
42,5 x 58 cm
Mola-Platte: orange - rot
Zweilagig
Das Paneel besteht aus vier eckigen Spiralen.

6 Galbis 1972
Naranjo Chico, San Blas
VA 65166
Mola-Platte
43 x 35 cm
Mola: schwarz - hellgelb - dunkelrot - rotorange
Dreilagig
Die Platte zeigt ein geometrisches, eckiges Muster.

7 Hartmann 1978
Ailigandi, San Blas
VB 16339
Mola-Platte
35 x 45,5 cm
Mola-Platte: schwarz – rot – orange
Dreilagig
Paneel mit geometrischen Formen (Dreiecke, Fünfecke) im regelmäßigen Farbwechsel.

8 Kunsthandel 1975
VB 15937
Mola-Platte
43,5 x 36,5 cm
Mola: knallblau – knallrot – weiß
Dreilagig
Platte mit konzentrischer Kreis-Musterung.

9 Hartmann 1978
Tigre, San Blas
VB 16289
Mola-Platte
33,5 x 43 cm
Mola-Platte: rot – grau
Zweilagig
In einem Rechteck sind vier rundlaufende Spiralen angeordnet und füllen das ganze Paneel aus.

10 Kunsthandel 1975
VB 15930
Mola-Platte
42,5 x 33,5 xm
Mola: tiefviolett – tieforange
Zweilagig
Paneel mit geometrischen Formen, speziell Spiralen.

11 Hartmann 1978
Ailigandi, San Blas
VB 16335
Mola-Platte
36 x 44,5 cm
Mola: orange – dunkelrot
Zweilagig
Das Paneel zeigt zwei Reihen von je drei durch eine senkrechte Linie miteinander verbundene runde Scheiben, deren Inneres wie auch die Zwischenräume untereinander mit je einem Kreuz und mehreren die Kreuzarme begleitenden Winkeln ausgefüllt sind.

12 Hartmann 1978
Tigre, San Blas
VB 16286
Mola-Platte
28,5 x 43 cm
Mola: schwarz – dunkelgelb – rot
Dreilagig
Das Paneel besteht aus drei Reihen eines fortlaufenden Ornaments, deren Negativformen der genauen Umkehrung der Positivformen entsprechen. Sie bilden ein kontinuierliches Flächenmuster.

13 Hartmann 1978
Tigre, San Blas
VB 16287
Mola-Platte
28 x 41 cm
Mola: schwarz – dunkelgelb – rot
Dreilagig
Das etwas vereinfachte Muster entspricht der No. VB 16286 (Abb. 12).

14 Hartmann 1978
Ailigandi, San Blas
VB 16336
Mola-Platte
31,5 x 45 cm
Mola: rot – weiß
Zweilagig
Mukan-mola. Sechs Reihen eines fortlaufend gegabelten Ornaments, dessen Negativformen einer genauen Umkehrung der Positivformen entsprechen, überziehen als Flächenmuster das Paneel.

15 Hartmann 1978
San Ignacio de Tupile
San Blas
VB 16348
Mola-Platte
30 x 40,5 cm
Mola: schwarz – weiß – rot
Zweilagig
Mukan-mola. Vier Reihen eines fortlaufenden gegabelten Ornaments, dessen Negativformen einer Umkehrung der Positivformen entsprechen.

16 Kunsthandel 1977
VB 16155
Mola-Platte
60,5 x 49 cm
Mola: hellorange – hellgelb – mittelgrau
Dreilagig
Wiedergabe von Meerestieren (Krebsen).

17 Kunsthandel 1977
VB 16152
Mola-Platte
51,5 x 41,5 cm
Mola: pastellgelb – knallrot – schwarzgrau
Zweilagig mit aufgesetzten Stoffteilen
Paneel mit ornamentaler Musterung.

18 Kunsthandel 1976
VB 16042
Mola-Platte
34,5 x 32 cm
Mola: blau – knallrot
Zweilagig
Figural-geometrische Motive (Seetiere, Frösche, Krabben).

19 Kunsthandel 1975
VB 15940
Mola-Platte
43 x 37 cm
Mola: knallrot – tieforange – ginstergelb – kobaltblau – tiefviolett – schwarz – pfaugrün
Dreilagig
Abstrakte Darstellung.

20 Unbekannt
Ohne Nr. (4)
Mola-Platte
69 x 56 cm
Mola: grauweiß – orange – graurot – graublau – graugrün – lila – maisgelb
Vierlagig
Geometrische Darstellungen.

21 Kunsthandel 1975
VB 15954
Mola-Platte
45 x 36,5 cm
Mola: weinrot – pastellrot – hellorange – platingrau – enzianblau – hellgelb – grauviolett
Dreilagig
Abstrakte Muster.

22 Kunsthandel 1975
VB 15953
Mola-Platte
43,5 x 36 cm
Mola: weinrot – hellorange – platingrau — pastellgrün – braunrot – enzianblau
Dreilagig mit untergesetzten Stoffteilen
Abstrakte Musterungen (vgl. Abb. 21).

23 Kunsthandel 1975
VB 15958
Mola-Platte
49 x 39 cm
Mola: dunkelgrau – hellgrün – hellrot – dunkelrot – lila – knallblau – platingrau – weiß
Dreilagig
Abstrakte Musterung (Kriechtier?).

24 Kunsthandel 1975
VB 15948
Mola-Platte
51,5 x 36 cm
Mola: hellorange – schwarz – knallrot
Dreilagig
Abstrakt-geometrische Zeichen.

25 Kunsthandel 1975
VB 15944
Mola-Platte
44 x 33 cm
Mola: schwarz – ginstergelb – knallblau – knallrot – tiefviolett – pfaugrün
Dreilagig
Abstrakte Darstellungen.

26 Hartmann 1978
Ailigandi, San Blas
VB 16337
Mola-Platte
28,5 x 41,5 cm
Mola: dunkelrot – gelb
Zweilagig
Paneel mit einem Ornament, das sich aus ineinandergreifenden Dreiecken, Pfeilen, Blütenformen u. a. zusammensetzt, und das um ein gedachtes Achsenkreuz angeordnet wurde.

27 Hartmann 1978
Tigre, San Blas
VB 16288
Mola-Platte
32 x 41,5 cm
Mola: rot – weiß, mit schwarzer Borte und mehrfarbiger Zackenlitze (rot, gelb, grün)
Zweilagig
Stempelartiges Ornament, das um ein Achsenkreuz angeordnet ist.

28 Hartmann 1978
Tigre, San Blas
VB 16290
Mola-Platte
36 x 47,5 cm
Mola: dunkelrot – violett – schwarz – blaugrün – gelbgrün – dunkelgelb – orange – zitronengelb – oliv – rosa – knallblau – graublau
Dreilagig mit weiteren unter- bzw. aufgesetzten Stoffteilen
Geometrisches Flächenmuster.

29 Hartmann 1978
Ailigandi, San Blas
VB 16342
Mola-Platte
40,5 x 57,5 cm
Mola: rot – rosa – schwarz – orange
Dreilagig
Drei miteinander verbundene Rauten, deren Spitzen nach außen und nach innen hin gewinkelte und gezackte Ausläufer aufweisen.

30 Nordenskiöld 1928
VA 62836
Hemd mit Applikationsstickereien, Frauenkleid
37 x 34 cm; 37 x 21 cm
Bluse: gelber Stoff mit blau-roten Schulter- und Armbändern
Mola: rot – dunkelblau – dunkelorange – pastellgrün – blattgrün – gelb – weiß
Dreilagig mit zwischengelegten Stoffteilen, z. T. geblümt
Vorder- und Rückseite werden von Darstellungen eingenommen, in deren Mittelpunkt figurale S-Formen unterschiedlicher Farbe erscheinen. Offensichtlich handelt es sich um eine Kinder-mola.

31 Hartmann 1978
Achutupo, San Blas
VB 16314
Mola-Bluse
45,5 x 54 cm; 45,5 x 32 cm
Bluse: Ärmel und Passe in verwaschenem Violett. Schmuckborten am Halsausschnitt, auf der Ärmelnaht und den Bündchen an den Ärmeln
Mola: rot – graugrün – lachs – rosa – schwarz – ultramarinblau – violett – grün – hellgelb – dunkelgelb – orange – weiß
Zweilagig mit unter- bzw. aufgesetzten Stoffteilen
Darstellung von überwiegend zackig konturierten Rechtecken, die in zwei schmale liegende Doppelfelder eingearbeitet wurden. Weitere geometrische Formen und Streifengruppen vervollständigen die mola.

32 Nordenskiöld 1928
VA 62837
Hemd mit Applikationsstickereien, Frauenkleid
56 x 65 cm; 56 x 48 cm
Bluse: grau-gelb gemusterter Stoff mit hellorangen Litzen, bambusgelben und grauroten Abschlußlitzen an Schulter und Hals
Mola: rot – hellorange – dunkelblau – graugelb
Zweilagig mit aufgenähten Stoffteilchen
Vorder- und Rückseite zeigen abstrakt-geometrische Darstellungen in ähnlicher Formgestaltung.

33 Kunsthandel 1975
VB 15942
Mola-Bluse
43 x 55 cm; 43 x 35 cm
Bluse: Überwiegend grüner Stoff mit Zierborten an Oberarmen, Schulter und Halsausschnitt
Mola: schwarz – dunkelrot – ginstergelb
Dreilagig
Die auf beiden Seiten mustermäßig und farblich fast übereinstimmenden Paneele zeigen anthropomorphe Darstellungen.
Am oberen Rand der mola befinden sich schwarze Stoffbänder mit aufgenähten Ornamenten unterschiedlicher Farbe (ginstergelb, hellorange, knallblau).

34 Kunsthandel 1975
VB 15936
Mola-Platte
43,5 x 36,5 cm
Mola: knallrot – weiß – schwarz
Zweilagig
Paneel mit geometrischen Mustern.

35 Galbis 1972
Carti, San Blas
VA 65169
Mola-Platte
40 x 32 cm
Mola: dunkelrot – maisgelb – dunkelorange – grau
Dreilagig
Die Platte ist mit dem Swastika-Zeichen versehen, das sich an alten Vorbildern orientiert.

36 Hartmann 1978
Mamitupu, San Blas
VB 16232
Mola-Platte
48,5 x 38 cm
Mola: dunkelblau – rot – grün – hellorange – rosa – gelb – blau
Dreilagig
Swastika-mola mit geometrischen Verzierungen.

36 a Hartmann 1978
Mamitupu, San Blas
VB 16228
Mola-Platte
38 x 48,5 cm
Mola: grauviolett – graugrün – tiefrot – hellorange – knallblau – ginstergelb – hellgelb
Dreilagig mit weiteren unter- bzw. aufgesetzten Stoffteilen
Swastika-Darstellung.

37 Kunsthandel 1976
VB 16026
Mola-Platte
41 x 31,5 cm
Mola: knallrot – hellgelb – schwarz – hellorange – knallblau – knallgrün – pastellviolett – weiß
Dreilagig mit weiteren aufgesetzten Stoffteilen
Ornamentale Darstellung.

38 Hartmann 1978
Ailigandi, San Blas
VB 16344
Mola-Platte
40,5 x 31 cm
Mola: schwarz – orange – rot – rosa – violett – grünblau – grün – gelb – orange
Dreilagig mit unter- bzw. aufgesetzten Stoffteilen
Das Paneel zeigt Rauten und Dreiecke, die mit gezähnten oder gezackten Formen gefüllt sind.

39 Hartmann 1978
Ailigandi, San Blas
VB 16341
Mola-Platte
36,5 x 44,5 cm
Mola: dunkelrot – knallblau – schwarz – rosa – violett – grau-blau – grün – gelb – orange
Dreilagig mit weiteren aufgesetzten bzw. unterlegten Stofflagen
Das Paneel zeigt vier liegende Rechtecke mit teilweise gezackten Konturen, die in ihrem Zentrum aufrecht stehende Rechtecke mit konturierter umgekehrter S-Form aufweisen.

40 Kunsthandel 1977
VB 16146
Mola-Platte
49,5 x 42 cm
Mola: tiefrot – weinrot – rot – orange – rosa – knallblau – hellgelb – schwarz – dunkelgrün – hellgrün
Dreilagig mit unter- bzw. aufgesetzten Stoffteilen
Mola-Platte mit geometrisch-ornamentaler Darstellung. Im Mittelpunkt ein Kreuz (?).

41 Galbis 1972
Mamitupo, San Blas
VA 65168
Mola-Platte
48 x 41 cm
Mola: schwarz – orange – rosa – pastellviolett – weiß – knallblau – blau – grün – maisgelb
Farben teilweise ausgeblichen bzw. verwaschen
Dreilagig
Das Paneel weist geometrische Formen, speziell Kreuze und kleine Kreise, auf.

42 Unbekannt
Ohne Nr.(5)
Zwei zusammengenähte molakana
82 x 56 cm
Mola: hellgelb – hellorange – dunkelrot
Zweilagig
Seiteneinfassungen: graublau
Geometrisch-ornamentale Darstellungen.

43 Kunsthandel 1976
VB 16006
Mola-Platte
49 x 37 cm
Mola: graublau – dunkelgrün – knallrot – hellgelb – hellorange
Vierlagig
Vermutlich handelt es sich um die Sichtbarmachung von Bergreihen (Bergrücken) auf dem Festland.

44 Kunsthandel 1977
VB 16153
Mola-Platte
54 x 37,5 cm
Mola: weinrot – graugelb – knallblau – orange (jetzt blaßrot, da ausgeblichen)
Dreilagig
Platte mit figuraler, pilzförmiger Darstellung oder Wiedergabe von zwei Bergrücken des Festlandes (vgl. Abb. 43).

45 Kunsthandel 1977
VB 16012
Mola-Platte
45 x 29,5 cm
Mola: graublau – tiefrot – hellorange – pastellviolett – blaßviolett – knallblau – pastellgrün – hellgrau – gelbweiß – grauweiß
Dreilagig
Mola mit geometrisch-ornamentaler Darstellung.

46 Hartmann 1978
Playón Chico, San Blas
VB 16297
Mola-Bluse
40,5 x 56,5 cm; 40,5 x 36 cm
Bluse: leuchtend hellgrünes Oberteil mit Schmuckborten am Halsausschnitt und an den Ärmeln. Rüschen auf der Ärmelnaht orange; Rüsche am unteren Rand der Bluse braun
Mola: dunkelrot – schwarz – orange –weiß
Die Borten sind schwarz – rot –violett – blau – ocker – orange
Die Zackenlitze in grün und rot
Zweilagig
Abstraktion des Froschmotivs, stempelartig nebeneinander und untereinander gesetzt.

47
Naranjo Grande, San Blas
VA 65167
Mola-Platte
43 x 40 cm
Mola: dunkelrot – graurot – maisgelb – ultramarinblau – graugrün – schwarz – mittelbraun
Dreilagig mit aufgenähten Tupfen und Kreuzen
Die Platte zeigt geometrische abstrakte Formen mit Tupfen, Balken und Kreuzen, wobei sich die Formgebung in drei übereinanderliegender Reihung etwa wiederholt.

48 Hartmann 1978
San Blas
VB 16357
Mola-Platte
32,5 x 40,5 cm
Mola: orange – schwarz – rot – rosa – violett – knallblau – graublau – blaugrün – gelbgrün – zitronengelb – eigelb – weiß
Zweilagig mit weiteren aufgesetzten bzw. unterlegten Stoffteilen
Zwei Kreuze, die von offenen, übergreifenden Rechtecken eingefaßt werden, füllen das Paneel aus.

49 Galbis 1976
VB 16073
Mola-Platte
45 x 36,5 cm
Mola: grauschwarz – dunkelrot – grün – hellgelb – hellorange – knallblau – rosa
Zweilagig
Geometrische mola mit Tiefenwirkung. In die Raumwirkung erzeugenden Rechtecke sind vielfarbige Dreiecke eingefügt.

50 Kunsthandel 1976
VB 16007
Mola-Platte
54 x 36 cm
Mola: knallrot – orange – schwarz – hellgelb – hellviolett – graugrün – grauviolett
Vierlagig mit einer geblümten schmutzig-weißen Stoffunterlage, die mustermäßig nicht in Erscheinung tritt
Platte mit ornamentaler zoomorpher Darstellung.

51 Kunsthandel 1975

VB 15985

Mola-Platte

59,5 x 39 cm

Mola: blaßrot – braunrot – graublau – goldgelb – pastellviolett
Dreilagig mit weiteren aufgesetzten und unterlegten Stoffteilen

Paneel mit ornamentalen Mustern.

52 Kunsthandel 1975

VB 15983

Mola-Platte

53 x 39,5 cm

Mola: pastellgrün – knallrot – maisgelb – schwarz – pupurrosa
Vierlagig

Mola-Platte mit ornamentalen gezackten Musterungen.

53 Kunsthandel 1976

VB 16016

Mola-Platte

57,5 x 39 cm

Mola: hellgrün – hellorange – graublau – tiefrot
Dreilagig

Ornamentale Muster (Spuren-mola).

54 Hartmann 1978

Nalunega, San Blas

VB 16218

Mola-Platte

36,5 x 44,5 cm

Mola: rosa – schwarz – graugrün – tiefrot – hellorange – rotgelb – maisgelb
Vierlagig mit weiteren unter- bzw. aufgesetzten Stoffteilen

Geometrische Musterung

Oberer Abschluß: mehrere Stoffstreifen (maisgelb, schwarz, tiefrot) mit aufgesetzter Schmucklitze (blaßgrün).

55 Kunsthandel 1976

VB 16008

Mola-Platte

52,5 x 43,5 cm

Mola: knallrot – hellgelb – rotorange – tiefgrün
Vierlagig

Ornamentale, gezackte Muster.

56 Hartmann 1978

Wichubuala, San Blas

VB 16210 a, b

Mola-Platten

38,5 x 52,5 cm; 39 x 53 cm

Mola: gelb – weiß – schwarz – orange –tiefrot
Beide molakana sind dreilagig und mit weiteren unter- bzw. aufgesetzten Stoffteilen versehen

Die Vorderseite wird von zwei großen Spiral-Darstellungen eingenommen, während die Rückseite des Paneels nur eine Spirale zeigt

Unterer Abschluß: angehefteter mehrfarbiger Stoff.

57 Hartmann 1978

Carti, San Blas

VB 16235

Mola-Bluse

43 x 51,5 cm;43 x 39 cm

Bluse: Roter Baumwollkrepp; Ärmel und Passe sind eingefaßt mit buntgemustertem und schwarzem Stoff und weißer Zackenlitze. Am Ärmelbündchen Abschluß mit Zackenlitze

Mola: rot – schwarz – rosa – orange –violett – gelbgrün – blaugrün – kobaltblau –knallblau – zitronengelb – maisgelb – weiß –oliv – lila
Zweilagig mit weiteren unterlegten bzw. aufgelegten Stoffteilen

Auf beiden mola-Paneelen sind je zwei bauchige Behälter mit einer Unterteilung von je zwei Böden dargestellt, in deren Innerem sich kleine, unterschiedlich farbige Tiere befinden. Senkrechte Streifengruppen und weitere Tiere füllen die freien Flächen.

Unterer Abschluß aus eingefaßtem Baumwollstreifen;
oberer Abschluß mit Zackenlitze.

58 Hartmann 1978
Mulatupu, San Blas
VB 16257
Mola-Platte
40,5 x 66,5 cm
Mola: tiefrot – graublau – hellrosa – dunkelrosa – hellgrün – grüngelb – dunkelgrün – gelb– orange – knallblau – braun – weiß
Zweilagig mit weiteren unter- bzw. aufgesetzten Stoffteilen
Das Paneel weist eine Komposition von anthropomorphen und zoomorphen Figuren und Formen auf, die miteinander verwachsen scheinen. Zum Teil wurden größere tierähnliche Formen mit kleineren Tieren in der Weise kombiniert, daß letztere im Körper der ersteren eingearbeitet sind.

59 Hartmann 1978
Achutupo, San Blas
VB 16308
Mola-Platte
34 x 45 cm
Mola: schwarz – weiß – rot
Dreilagig
Das Paneel wird von einem Hahn mit nach rechts gewendetem Kopf beherrscht.

60 Hartmann 1978
Achutupo, San Blas
VB 16309
Mola-Platte
36 x 53,5 cm
Mola: weinrot – gelb – rot – weiß – schwarz
Dreilagig
Ein stilisiert dargestellter kleiner Mensch steht auf einem stilisiert gestalteten Pferd, das von zwei weiteren kleineren Tieren umgeben ist.

61 Hartmann 1978
Achutupo, San Blas
VB 16301
Mola-Platte
34 x 44 cm
Mola: weinrot – gelb – rot – weiß – schwarz
Dreilagig
Das Paneel wird von einem Hahn mit nach links gewendetem Kopf eingenommen. Kamm und Schwanzfedern bestehen aus den ausgeschnittenen und wieder aufgenähten oberen beiden Stoffschichten.

62 Hartmann 1978
Mamitupo, San Blas
VB 16324
Mola-Platte
32 x 48,5 cm
Mola: rot – weiß – schwarz
Dreilagig
Vier stilisierte Vogeldarstellungen.

63 Galbis 1972
Aquatupo, San Blas
VA 65177
Mola-Platte
47 x 40 cm
Mola: dunkelrot – rosa – orange – schwarzgrau – maisgelb – graugrün – blaßrosa – graurosa – gelbweiß – kobaltblau
Vierlagig mit mehreren unterlegten Stoffteilen
Die Platte zeigt eine Tierdarstellung (Katze) in relativ groben Umrissen.

64 Hartmann 1978
Mamitupo, San Blas
VB 16332
Mola-Platte
52 x 41 cm
Mola: graugelb – schwarz – tiefrot – knallblau – maisgelb – violett – dunkelgrün – grau – lila – weiß – grüngelb
Dreilagig
Darstellung von zwei zoomorphen Wesen.

65 Kunsthandel 1976
VB 16025
Mola-Platte
56 x 40 cm
Mola: graublau – knallrot – rosa – hellorange – maisgelb – knallblau – hellblau – hellgrün – schwarz – weiß
Dreilagig mit weiteren unterlegten Stoffteilen
Zwei tierähnliche Wesen, die zueinander laufen und auf deren Rücken zoomorphe Figuren stehen.

66 Hartmann 1978
Corbisci, San Blas
VB 16225
Mola-Platte
35,5 x 44,5 cm
Mola: blaßrot – melonenorange – hellrot – maisgelb – hellgelb – gelbgrün –meergrün – knallblau – weiß – hellblau – hellila – blaßgrün – schwarz – schwarzgrau – granatrot – hellorange
Dreilagig mit weiteren unter- bzw. aufgesetzten Stoffteilen
Paneel mit zoomorphen Darstellungen.

67 Galbis 1972
Carti, San Blas
VA 65187
Mola-Platte
40 x 38 cm
Mola: dunkelrot – hellorange – hellgelb – knallblau –schwarzgrau – hellviolett – graugrün –schwarz
Dreilagig
Wiedergabe eines gebückt gehenden kleinen Mannes und eines übergroßen Vogels.

68 Hartmann 1978
Wichubuala, San Blas
VB 16209 a, b
Mola-Platten
41,5 x 45 cm; 41 x 44 cm
Mola: türkisgrün – tiefrot – hellorange – schwarz – rosa – knallblau – weiß –hellgrün – salatgrün – hellrot/weiß – weiß – blau/violett – mauve –pastellgelb
Beide molakana sind dreilagig und mit weiteren unter- bzw. aufgesetzten Stoffteilen versehen
Die Vorderseite der mola-Platte enthält die Darstellung von Land- und Wassertieren, während die Rückseite des Paneels nur ein Landtier und zwei Tiere des Wassers zeigt. Florale Motive und mehrere Augenornamente sind neben geometrischen Elementen vorhanden.
Oberer Abschluß: drei Stoffstreifen (schwarz, pastellgelb, tiefrot) mit aufgesetzter grüner Schmucklitze.
Unterer Abschluß: Stoffstreifen (purpurrosa).

69 Kunsthandel 1975
VB 15945
Mola-Platte
49,5 x 38 cm
Mola: knallrot – gelbgrün – schwarz – weiß –violettrot –dunkelorange – knallblau – hellblau
Dreilagig
Tierdarstellungen.

70 Kunsthandel 1976
VB 16038
Mola-Platte
36 x 27 cm
Mola: tiefblau – grauviolett – knallrot – weiß –knallblau – pastellblau – hellorange – hellgrün – dunkelgrün – maisgelb
Zweilagig mit unter- bzw. aufgesetzten Stoffteilen
Wiedergabe von Tierfiguren.

71 Kunsthandel 1976
VB 16039
Mola-Platte
35 x 32 cm
Mola: weiß – schwarz – orange – grüngelb –hellblau – knallrot
Zweilagig mit untergesetzten Stoffteilen
Tierdarstellung mit aufsitzendem Vogel.

72 Hartmann 1978
Nalunega, San Blas
VB 16221
Mola-Platte
34,5 x 46 cm
Mola: tiefrot – schwarz – hellgalb – rosa – knallblau – hellorange – graugrün – dunkelgrün – weiß – purpurrosa – hellviolett
Zweilagig mit weiteren unter- bzw. aufgesetzten Stoffteilen
Darstellung zweier zoomorpher Wesen, die auf ihren Rücken kreuzartige Symbole tragen.

73 Hartmann 1978
Wichubuala, San Blas
VB 16199
Mola-Platte
36 x 44 cm
Mola: knallrot – hellorange – dunkelgrün – hellgrün – schwarz – hellblau – rotblau – hellila – hellgelb – olivbraun – weiß
Zweilagig mit unter- bzw. aufgesetzten Stoffteilen
Das Paneel zeigt im oberen Teil ein vogelähnliches Tier, das von geometrischen und floralen Mustern umgeben ist.
Es handelt sich um eine mola-Platte, die von einem Kind angefertigt wurde.

74 Hartmann 1978
San Blas
VB 16381
Mola-Platte
34,5 x 44,5 cm
Mola: schwarz – graurosa – rosa – rot – hellviolett – dunkelviolett – knallblau – graublau – blaugrün – gelbgrün – oliv – ockergelb – orange – weiß
Zweilagig mit weiteren aufgesetzten bzw. unterlegten Stoffteilen
Das Paneel zeigt ein Tier mit Insektenkopf, Adlerflügeln und einem Fischschwanz.

75 Kunsthandel 1977
VB 16148
Mola-Platte
50,5 x 40,5 cm
Mola: knallblau – hellorange – rot – rosa – hellgrau – dunkelgrün – pastellviolett
Vierlagig
Wiedergabe einer spiralig sich windenden Schlange.

76/77 Nordenskiöld 1928
VA 62834
Hemd mit Applikationsstickereien, Frauenkleid
43 x 36 cm;43 x 28 cm
Bluse: weiß mit gelben und roten Bändern als Hals- und Armabschluß
Mola: rot-gelb, mit oberem Streifen aus blauem bzw. schwarzem Stoff
Zweilagig mit aufgesetzter geschnittener dritter Lage.
Die Vorderseite der mola stellt wahrscheinlich zwei Schildkröten in aufrechter Stellung dar, während die Rückseite ein Tier in liegender Position zeigt.

78 Hartmann 1978
Ailigandi, San Blas
VB 16338
Mola-Platte
33,5 x 48,5 cm
Mola: rot – orange – rot
Dreilagig
Zoomorphes Ornament, das Ähnlichkeit mit der häufig vorkommenden Krötenform aufweist. Die Zwischenräume zwischen den spiralig aufgerollten Beinen und dem Tierkörper füllen kammartige Elemente.

79 Kunsthandel 1976
VB 16029
Mola-Platte
46 x 34 cm
Mola: knallrot – hellgelb – schwarz – hellorange – knallblau – knallgrün – pastellviolett – blauviolett – rosa
Dreilagig mit weiteren aufgesetzten bzw. unterlegten Stoffteilen
Paneel mit ornamentaler Darstellung (Krebse).

80 Kunsthandel 1977
VB 16101
Mola-Bluse
52,5 x 53 cm; 52,5 x 42 cm
Bluse: Weinrotes Oberteil mit Schmuckstreifen (goldgelb, grauschwarz, hellgrün); weiße und violette Litzen
Mola: graublau – tiefrot – hellorange – rosa –gelb – dunkelblau – hellblau – grün – violett – grauschwarz
Dreilagig
Die Bluse zeigt auf beiden Seiten ein Frosch-Motiv.
Abschluß oben: ornamentale Streifen, gelbgrüne Litzen und goldgelbe Ornamente.
Abschluß unten: dunkelgrüner Stoffstreifen.

81 Nordenskiöld 1928
VA 62835
Hemd mit Applikationsstickereien, Frauenkleid
53 x 60 cm;53 x 48 cm
Bluse: weiß geblümt mit rötlichen Hals- und Schulterabschlußrändern
Mola: rot – rot geblümt – braunrot – weiß– –weiß geblümt – schwarz – gelb – blau
Dreilagig mit zwischengelegten weiteren Stoffteilen
Die Vorderseite zeigt drei miteinander verbundene zoomorphe Darstellungen; die Rückseite weist sehr ähnliche Figuren auf.

82 Hartmann 1978
Ailigandi, San Blas
VB 16334
Mola-Platte
35 x 48 cm
Mola: dunkelrot – orange – hellrot
Dreilagig
Paneel mit der Darstellung von zwei Rochen mit abgewinkeltem Schwanz.

83 Hartmann 1978
Rio Sidra, San Blas
VB 16276
Zwei mola-Platten
34 x 43 cm; 34 x 44 cm
Mola: dunkelrot – rot – orange –schwarz – violett – grün – blau – gelb – rosa – weiß
Dreilagig mit weiteren unter-bzw. aufgesetzten Stoffteilen
Die zoomorphe Darstellung ist auf beiden Paneelen sehr ähnlich, und es könnte sich um ein krötenähnliches Ornament handeln.
Unterer Abschluß aus Baumwollrips (schwarz).

84 Kunsthandel 1975
VB 15947
Mola-Platte
49,5 x 40 cm
Mola: hellgelb – hellorange – maisgelb – azurblau – knallrot
Vierlagig
Stark ausgeblichen
Abstrakte Darstellungen (Frosch?).

85 Hartmann 1978
Playón Chico, San Blas
VB 16296
Mola-Platte
36 x 57 cm
Mola: hellrot – rosa – lachsrosa – blaßviolett – dunkelblau – dunkelgrün – hellgrün – grauschwarz – weiß
Zweilagig mit weiteren unter- bzw. aufgesetzten Stoffteilen
Ein dem Froschmotiv ähnliches Ornament, allerdings ohne Kopfdarstellung. Die Füße bestehen aus konzentrischen Kreisen und der Leib aus einem eingeschnürten Oval.

86 Hartmann 1978
Playón Chico, San Blas
VB 16293
Mola-Platte
40 x 48 cm
Mola: orange – schwarz – weiß – rot – rosa – dunkelgelb – hellgelb – grün – knallblau – violett
Dreilagig mit weiteren unter- bzw. aufgesetzten Stoffteilen
Ornamental stilisierte Formen von Fröschen, die in zwei Reihen angeordnet sind.

87 Hartmann 1978
Wichubuala, San Blas
VB 16205
Mola-Platte
33,5 x 43,5 cm
Mola: hellgelb – schwarz – tiefrot – kupfergrün – hellorange – rosa – hellviolett – hellgrün – weiß – kobaltblau
Dreilagig mit weiteren unter- bzw. aufgesetzten Stoffteilen
Das Paneel zeigt vier miteinander verbundene Tiere, von denen eines ein Vogel zu sein scheint.
Die obere Abschlußkante besteht aus Stoffstreifen (hellorange, schwarz) mit aufgesetzter hellgelber Schmucklitze.

88 Hartmann 1978
San Blas
VB 16351
Mola-Platte
38,5 x 45,5 cm
Mola: schwarz – weiß – rot – rosa – hellviolett – dunkelviolett – blauviolett – graublau – blaugrün – knallblau – blaugrün – gelbgrün – hellgrün – hellgelb – dunkelgelb – orange
Zweilagig mit weiteren aufgesetzten bzw. unterlegten Stoffteilen
Das Paneel zeigt einen großen Tintenfisch mit sechs sich entrollenden Armen. Zwei kleine Vögel sind im oberen Teil der mola untergebracht.

89 Hartmann 1978
Nalunega, San Blas
VB 16219
Mola-Platte
36,5 x 45 cm
Mola: tiefrot – hellorange – schwarz – knallblau – hellgelb – purpurrosa – graugrün – braungelb – hellbraun – pastellviolett – weiß – grau – schwarz – rubin
Dreilagig mit weiteren unter- bzw. aufgesetzten Stoffteilen
Darstellung dreier unterschiedlich großer Fische.

90 Kunsthandel 1978
VB 16164
Mola-Platte
43,5 x 34,5 cm
Mola: blaßrot – grauschwarz – blaßviolett – kükengelb – hellorange – weiß – tiefblau
Zweilagig
Paneel mit mehreren unterschiedlich großen Schildkröten-Darstellungen.

91 Hartmann 1978
San Blas
VB 16374
Mola-Platte
48 x 38 cm
Mola: rot – schwarz – hellrosa – dunkelrosa – violett – grünblau – tiefblau – dunkelgrün – hellgrün – oliv – ocker – orange – weiß
Zweilagig mit unter- bzw. aufgesetzten Stoffteilen
Die gesamte Fläche wird von einer großen schwimmenden Schildkröte eingenommen. Der Tierpanzer ist durch eine Raute angedeutet, Beine und Schwanz des Tieres sind mit farbigen Streifen besetzt. An den Ecken und Seiten des Paneels befinden sich Tiere, Tierköpfe und nicht identifizierbare Gegenstände.

92 Kunsthandel 1976
VB 16032
Mola-Platte
44 x 34 cm
Mola: schwarz – hellgrün – dunkelgrün – gelb – knallrot – lila – hellblau – knallblau – orange – weiß
Dreilagig mit aufgelegten Stoffteilen
Zoomorphe Darstellung (Seetier?).

93 Kunsthandel 1978
VB 16161
Mola-Platte
46 x 30,5 cm
Mola: dunkelrot – tiefrot – rosa – hellorange – hellgrün – grün – dunkelgrün – olivgrün – hellblau – blau – knallblau – hellgelb – hellbraun – pastellviolett
Zweilagig
Paneel mit drei Vögeln.

94 Kunsthandel 1975
VB 15986
Mola-Platte
57 x 46,5 cm
Mola: blaßrosa – knallrot – schwarzgrau – hellorange – pastellgelb
Vierlagig
Die mola-Platte zeigt den abstrahiert wiedergegebenen Sägefisch.

95 Kunsthandel 1977
VB 16094
Mola-Platte
45 x 36 cm
Mola: grauschwarz – hellgelb – tiefrot
Dreilagig
Wiedergabe von Seetieren.

96 Kunsthandel 1978
VB 16167
Mola-Platte
47,5 x 36 cm
Mola: schwarz – hellgrün – tiefrot – gelb – lila – hellblau – knallblau – violett – hellorange – rosa – dunkelgrün – weiß
Dreilagig
Darstellungen von drei zoomorphen Wesen, zwischen denen sich zwei Tiere (Vögel) aufhalten.

97 Hartmann 1978
Mamitupu, San Blas
VB 16234
Mola-Platte
46,5 x 36,5 cm
Mola: schwarz – hellorange – rot – schwarz – blau – tiefviolett – pastellviolett – pastellgelb – lila – dunkelgrün – weiß
Dreilagig
Darstellungen von drei zoomorphen Wesen, zwischen denen sich zwei kleine Tiere (Vögel) aufhalten.
Pendant zu VB 16167 (Abb. 96).

98 Kunsthandel 1975
VB 15949
Mola-Platte
52 x 39,5 cm
Mola: türkisgrün – schwarz – knallrot – orange – knallblau – weiß – dunkelbraun – hellviolett
Dreilagig mit weiteren aufgesetzten Stoffteilen
Stilisierte geometrische Darstellung.

99 Kunsthandel 1976
VB 16018
Mola-Platte
51,5 x 39,5 cm
Mola: knallrot – dunkelrot – hellgrau – hellorange – hellrosa – hellgelb – hellgrün – knallblau – weiß – violett – rosaweiß
Dreilagig
Seetier-Darstellung.

100 Galbis 1972
Naranjo Grande, San Blas
VA 65199
Mola-Bluse
43 x 56 cm;43 x 42 cm
Bluse: Gestreifter Stoff (gelb, grün, blau, rosa) mit Abschlußstreifen an den Ärmeln (schwarz–rot) und aufgesetzter rotorangener Litze. Die schwarz-roten Abschlußstreifen, kombiniert mit buntem Druckstoff, wiederholen sich im Schulter- und Halsbereich
Mola: dunkelrot – hellrot – violett – schwarz – knallblau – maisgelb – violett – hellviolett – graugrün – gelbgrün – weiß – olivbraun
Dreilagig mit aufgesetzten Stoffteilen
Stilisierte Wiedergabe von Tieren, die sich zum Teil innerhalb bauchiger Behälter befinden. Vorder- und Rückseite unterscheiden sich durch farblichen Wechsel.

101 Kunsthandel 1975
VB 15981
Mola-Platte
49,5 x 38,5 cm
Mola: hellgelb – hellgrün – blauviolett – rosa – dunkelbraun
Zweilagig mit aufgesetzten Stoffteilen
Sieben Vogeldarstellungen inmitten abstrakter geometrischer Linienführungen.

102 Kunsthandel 1975
VB 15929
Mola-Platte
45 x 35 cm
Mola: tiefrot – hellgelb
Zweilagig
Paneel mit zoomorphen Formen und vier Vogeldarstellungen.

103 Kunsthandel 1975
VB 15961
Mola-Platte
56,5 x 43 cm
Mola: knallrot – goldgelb – grauschwarz – weiß
Dreilagig
Mola-Platte mit zahlreichen Tierdarstellungen, wobei in der Zentralfigur eine Tier-in-Tier-Gestalt erscheint.

104 Kunsthandel 1975
VB 15951
Mola-Platte
41 x 36 cm
Mola: rosa – hellorange – maisgelb – schwarz – knallblau – türkisgrün – hellila – weiß
Dreilagig
Stark ausgeblichen
Die mola-Platte zeigt in etwas stilisierter Darstellung zwei sich aufeinander zu bewegende Tiere, auf denen zwei vogelähnliche Wesen stehen (Vgl. Abb. 65).

105 Kunsthandel 1975
VB 15952
Mola-Platte
58 x 43,5 cm
Mola: schwarzgrau – pastellgrün – knallrot – rosa – hellorange – hellviolett – violettblau – weiß – dunkelbraun
Dreilagig mit untergesetzten Stoffteilen
Florale- und Tierdarstellung.

106 Kunsthandel 1976
VB 16031
Mola-Platte
51 x 43 cm
Mola: knallrot – rosa – hellblau – knallblau – hellgelb – maisgelb – orange – knallgrün – schwarz – weiß
Zweilagig mit auf- bzw. unterlegten weiteren Stoffteilen
Das Paneel zeigt zwei Vogeldarstellungen.
Die Unterkante ist mit buntem Stoff eingefaßt, die Oberkante zieren Stoffstreifen (gelb/rosa/rot) mit aufgesetzter grüner Litze.

107 Hartmann 1978
Rio Sidra, San Blas
VB 16270
Mola-Platte
38 x 44 cm
Mola: schwarz – dunkelrot – rosa – dunkelblau – hellblau – violett – hellgrün – dunkelgrün – orange – hellgelb – maisgelb – dunkelgelb – weiß
Zweilagig mit weiteren unter- bzw. aufgesetzten Stoffteilen
Wiedergabe zweier Tukane, die auf einem Ast sitzen, dem verschiedene Blüten und Blätter entragen.
Obere Abschlußborte mit Zackenlitze in orange und blau.
Unterer Abschluß der Platte durch einen Stoffstreifen (weiß – gelb).

108 Kunsthandel 1977
VB 16126
Mola-Platte
51,5 x 42,5 cm
Mola: tiefrot – orange – rosa – hellblau – dunkelblau – schwarz – maisgelb – grün – weiß – violett
Zweilagig mit aufgesetzten bzw. unterlegten Stoffteilen
Zwei Vogeldarstellungen dominieren.

109 Kunsthandel 1975
VB 15935
Mola-Platte
43,5 x 33 cm
Mola: hochrot – knallblau – graublau – graugrün – gelbgrün – schwarz – weiß – violett – olivbraun
Zweilagig
Drei Vogeldarstellungen in unterschiedlicher Größe.

110 Kunsthandel 1977
VB 16141
Mola-Platte
45,5 x 34,5 cm
Mola: hellgrün – hellorange – rosa – dunkelrot – schwarz – hellgelb – knallblau – weiß
Dreilagig mit unter- bzw. aufgesetzten Stoffteilen
Wiedergabe zweier Vogelgestalten.

111 Kunsthandel
VB 16136
Mola-Platte
40,5 x 29 cm
Mola: tiefviolett – hellrot – hellorange – goldgelb – rosa – dunkelgrün – hellgrün – gelb – knallblau – hellblau – schwarz – weiß
Zweilagig mit untergesetzten bzw. aufgesetzten Stoffteilen
Paneel mit zwei sitzenden Vögeln.

112 Galbis 1972
Carti, San Blas
VA 65193
Mola-Platte
47 x 34 cm
Mola: dunkelrot – hellrot – rosa – violett – pastellviolett – pastellgrau – enzianblau – hellgrün – hellgelb – dunkelbraun – weiß
Dreilagig mit aufgesetzten Stoffteilen
Mola mit der Darstellung eines stilisierten Baumes mit fünf Tieren.

113 Kunsthandel 1976
VB 16041
Mola-Platte
40 x 39 cm
Mola: schwarz – violettrot – hellgrün – weiß
Dreilagig
Mola-Platte mit Tierdarstellungen. Wohl eine abstrahierte Form des Vogelbaumes.

114 Kunsthandel 1976
VB 16040
Mola-Platte
41 x 35 cm
Mola: schwarz – knallblau – graublau – grauviolett – blaugrün – purpurrot – rosa – granatbraun – dunkelgelb
Zweilagig mit untergesetzten Stoffteilen
Vögel sitzen auf je einem Erdhügel, in dem sich ein Tier befindet.

115 Hartmann 1978
Wichubuala, San Blas
VB 16204
Mola-Platte
36,5 x 43,5 cm
Mola: tiefblau – tiefrot – maisgelb – rosa – purpurrosa – rotorange – gelbgrün – hellila – schwarz – weiß – signalgrün
Zweilagig mit unter- bzw. aufgesetzten Stoffteilen
Wiedergabe eines Schmetterlings.
Die untere Abschlußkante besteht aus schwarzem und geblümtem Stoff.

116 Hartmann 1978
San Blas
VB 16382
Mola-Platte
32,5 x 41,5 cm
Mola: schwarz – weiß – rot – rosa –violett – knallblau – graublau –blaugrün – gelbgrün – gelb –oliv – orange – braun
Zweilagig mit weiteren aufgesetzten bzw. unterlegten Stoffteilen
Ein ausgebreitetes Flügelpaar wird flankiert von zwei kleinen Vögeln. Oberhalb des Hauptornaments ist die Silhouette eines fliegenden Vogels sichtbar.

117 Hartmann 1978
Achutupo, San Blas
VB 16311
Mola-Platte
40,5 x 32,5 cm
Mola: rot – orange – knallblau – blaugrün – gelbgrün – gelb – violett – graublau – weiß
Dreilagig
In die Umrisse eines Frosches (Kröte?) sind zwei zueinander stehende Vögel eingearbeitet worden. Die im Kopfteil des Frosches bzw. der Kröte angebrachte Wortgruppe könnte „pajui"(=Perlhuhn) heißen und auf die Art der beiden unten dargestellten Tiere hinweisen.

118 Hartmann 1978
Panama City
VB 16372
Mola-Platte
35 x 44 cm
Mola: hellrot – weiß – schwarz – dunkelrot – rosa – blauviolett – dunkelviolett – hellviolett – hellblau – dunkelblau – dunkelgrün – hellgrün – oliv – zitronengelb – eigelb – orange
Zweilagig mit weiteren aufgesetzten bzw. unterlegten Stoffteilen
Das Paneel zeigt einen Vogel auf einem Ast sitzend. Die Zweige mit Blüten umgeben den Vogel kreisförmig.

119 Galbis 1972
Aquatupo, San Blas
VA 65172
Mola-Platte
44 x 37 cm
Mola: dunkelrot – rosa – maisgelb – pastellgelb – knallblau – gelbgrün – schwarzgrau – weiß
Vierlagig
Die Platte stellt eine Tier-mola dar. Das am Leib mit zahlreichen kleinen ovalen Stoffteilen geschmückte Tier (Fledermaus?) trägt eine Schlange im Maul.

120 Galbis 1972
Ustupu, San Blas
VA 65189
Mola-Platte
46 x 41 cm
Mola: dunkelrot – hellorange – weißgrau – blaßgelb – hellgelb – violett – graugrün – kobaltblau – dunkelbraun
Vierlagig, z. T. nur unterlegt
Das ungewöhnliche Muster soll lt. Angabe des Sammlers einen Schmetterling darstellen.

121 Unbekannt
Ohne Nr. (3)
Mola-Platte
55,5 x 42,5 cm
Mola: pfirsichorange – schwarz – weiß – graurot
Vierlagig
Zwei zoomorphe Wesen.

122 Hartmann 1978
Rio Sidra, San Blas
VB 16284
Mola-Platte
46,5 x 40 cm
Mola: orange – rot – blaugrün – schwarz – rosa – graublau – gelbgrün – ocker – gelb – weiß
Dreilagig
Ein Achsenkreuz teilt vier gleichgroße Felder voneinander, in denen sich verschiedenartige Tiere befinden (Affe – Vogel – Leguan – Eichhörnchen).

123/124 Hartmann 1978
Tupile, San Blas
VB 16253
Zwei an einer Naht zusammenhängende mola-Platten
34,5 x 42 cm
34 x 43 cm
Mola: dunkelrot – graublau – schwarz – rosa – violett – knallblau – dunkelgelb – hellgelb – grün – orange – weiß
Zweilagig mit weiteren unter- bzw. aufgesetzten Stoffteilen
Ein zentral angeordnetes Kreuz mit zugespitzten Enden teilt das mola-Paneel in vier Teile auf, die mit floralen Formen (Ranken, Blätter) ausgefüllt sind.
Der obere Abschluß ist mit roter Zackenlitze ausgeführt; die untere Einfassung besteht aus gemustertem Baumwollkrepp (rosa, blau).

125 Kunsthandel 1978
VB 16158
Mola-Platte
45 x 35,5 cm
Mola: schwarz – dunkelrot – grün – gelb – hellblau – knallblau – hellorange – lila – rosa – weiß
Zweilagig
Wiedergabe von zwei Krabben. Das große Tier weist menschliche Gesichtszüge auf und trägt eine Brille. Die vorderen Scheren sind zu Schlangenköpfen stilisiert.

126 Hartmann 1978
Achutupo, San Blas
VB 16316
Mola-Platte
43,5 x 34 cm

Mola: schwarz – dunkelrot – weinrot – hellrosa – dunkelrosa – hellviolett – dunkelviolett – blaugrün – dunkelblau – gelbgrün – zitronengelb – maisgelb – orange – weiß
Zweilagig

Zoomorphes Wesen mit Krokodilkopf und einem Adlerkörper mit ausgebreiteten Schwingen, aus denen schlangenartige Gebilde herauswachsen. Der Körper ist mit zahlreichen Ornamenten verziert.

127 Kunsthandel 1978
VB 16172
Mola-Platte
48,5 x 40 cm

Mola: tiefrot – hellorange – knallblau – schwarz – rosa – maisgelb – eigelb – rosa –grün – lila – rot – weiß
Dreilagig

Zwei anthropomorphe Wesen, die in der Stellung eines Frosches als Skelett dargestellt wurden.

128 Kunsthandel 1977
VB 16143
Mola-Platte
45,5 x 36 cm

Mola: blaurot – tiefrot – pfirsichorange – braun – knallblau – grün – lila – rosa – schwarz – zitronengelb – weiß
Dreilagig

Die Platte zeigt spitz-ovale Behälter mit angedeuteten menschlichen Gesichtszügen im oberen Teil und je zwei samenartigen Formen im Inneren.

129 Hartmann 1978
Achutupo, San Blas
VB 16315
Mola-Platte
42 x 35 cm

Mola: weinrot – dunkelrot – schwarz – rosa – graublau – blaugrün – gelbgrün – oliv – gelb – ocker – orange – weiß
Zweilagig

Ein anthropomorphes Ungeheuer mit gebleckten Zähnen und ausgebreiteten Vogelflügeln, das im unteren Teil eine schmetterlingsähnliche Zweiteilung aufweist. Hier finden sich schlangenähnliche Wesen.

130 Hartmann 1978
Mulatupu, San Blas
VB 16256
Mola-Platte
42,5 x 53 cm

Mola: schwarz – rot – rosa – grün – gelb – orange – violett – weiß
Zweilagig mit weiteren unter- bzw. aufgesetzten Stoffteilen

Bergähnliches Motiv, auf dem Bäume wachsen und dessen Inneres als Höhle ausgestaltet ist, beherrscht die mola-Platte. Der Bergspitze entragt eine Rautenform, die durch ein Kreuz und Winkelumrisse in vier Felder gegliedert wurde. Florale Muster, teilweise in Herzform und in Verbindung mit geometrischer Gestaltung (Drei- und Vierecken), bereichern das Hauptmotiv.

131 Hartmann 1978
Tupile, San Blas
VB 16249
Mola-Platte
38,5 x 51 cm

Mola: rot – orange – schwarz – rosa – violett – knallblau – grün – gelb – weiß
Dreilagig mit weiteren unter- bzw. aufgelegten Stoffteilen

Mola-Platte mit floraler Darstellung: Das Zentrum wird von einer zweigeteilten Blüte mit acht Blütenblättern eingenommen und ist von achtzehn blütenblattähnlichen Formen eng umgeben.

132 Hartmann 1978
Tupile, San Blas
VB 16251
Mola-Platte
34,5 x 41 cm
Mola: rot – gelb – schwarz – rosa – knallblau – grün – orange – braun – weiß
Dreilagig mit weiteren unter- bzw. aufgesetzten Stoffteilen
Mola-Platte mit floraler Wiedergabe: von einem zentral angeordneten Stengel verlaufen je zwei Blattformen nach rechts und links. Die Mitte wird durch eine kleine beckenartige Blütenausbildung eingenommen.

133 Kunsthandel 1976
VB 16034
Mola-Platte
37 x 31 cm
Mola: schwarz– –knallrot – rosa – maisgelb – lila – hellblau – knallblau – hellgrün – dunkelgrün – olivgelb – orange – weiß – grau – violett
Dreilagig mit unter- bzw. aufgesetzten Stoffteilen
Ornamentale (florale) Darstellungen.

134 Hartmann 1978
Mamitupu, San Blas
VB 16227
Mola-Bluse
44,5 x 49 cm; 44,5 x 38 cm
Bluse: grüner Baunwollkrepp, eingefaßt mit hellgelben und roten Stoffstreifen; rote Schmucklitze an den Ärmelbündchen
Mola: tiefrot – hellorange – schwarz – hellgelb – rosa – knallblau – violett – tiefgrün
Dreilagig mit weiteren unter- bzw. aufgesetzten Stoffteilen
Die Paneele zeigen auf beiden Seiten fast gleiche florale Formen.
Oberer Abschluß: Schmuckstreifen (tiefblau, rot, hellgelb) mit aufgesetzten Schmucklitzen (orange).
Unterer Abschluß: Stoffstreifen (rosaweiß).

135 Galbis 1972
Naranjo Chico, San Blas
VA 65171
Mola-Platte
45 x 38 cm
Mola: dunkelrot – rosa – maisgelb – knallblau – schwarz – pastellviolett – graugelb – tiefgrün
Vierlagig
Offenbar eine Wiedergabe aus dem floralen Bereich, möglicherweise ein Samen-Umriß.

136 Galbis 1972
Aquatupo, San Blas
VA 65182
Mola-Platte
46 x 39 cm
Mola: dunkelrot – maisgelb – grauschwarz
Dreilagig
Mola-Platte floralen Typs. Sie besteht aus einer typischen Blatt-Wiedergabe.

137 Kunsthandel 1978
VB 16156
Mola-Platte
43,5 x 34,5 cm
Mola: tiefblau – blaßblau – schwarz – weiß – gelb – hellorange – tiefrot – rosa – violett – hellgrün – grün – dunkelgrün – olivbraun
Dreilagig
Paneel mit floraler Darstellung.

138 Kunsthandel 1978
VB 16163
Mola-Platte
44 x 35,5 cm
Mola: grauschwarz – dunkelrot – hellgrün – grün – dunkelgrün – hellorange – hellblau – knallblau – lila – rosa – weiß
Zweilagig
In zwei Früchten mit ananasähnlichen Blättern sitzt je ein Vogel auf einem Zweig.

139 Kunsthandel 1975
VB 15962
Mola-Platte
48,5 x 38 cm
Mola: schwarz – hellgrün – maisgelb – knallrot – hellorange – lila – olivgrün – dunkelgrün – knallblau – dunkelbraun
Dreilagig mit unterlegten bzw. aufgenähten weiteren Stoffteilen
Abstrakt-florale Muster.

140 Hartmann 1978
Wichubuala, San Blas
VB 16206
Mola-Platte
36 x 47 cm
Mola: schwarzgrau – hellorange – tiefrot – kupfergrün – knallblau – hellgelb – rosa – grüngrau
Dreilagig mit weiteren unter- bzw. aufgesetzten Stoffteilen
Figural-ornamentale Darstellungen, die auf zwei übereinanderliegenden Reihen verteilt sind.

141 Hartmann 1978
Wichubuala, San Blas
VB 16191
Mola-Bluse
48 x 53 cm; 48 x 41 cm
Bluse: geblümtes amarantrot; schwarz-gelbliche Zierstreifen am Ausschnitt
Mola: schwarz – dunkelrot – orangerot – weiß – dunkelgrün – graugelb – hellbraun – hellila – hellgelb
Dreilagig mit unter- bzw. aufgesetzten Stoffteilen
Oberer Abschluß: Schmuckstreifen (knallblau, schwarz, hellgelb) mit roter Zierleiste
Unterer Abschluß: schwarzer Paneelstoff
Ein Kreuz im Zentrum beider Paneele wird von einem sechseckigen Stern und ornamentalen Darstellungen umrahmt.

142 Hartmann 1978
Mamitupo, San Blas
VB 16325
Mola-Platte
44 x 35 cm
Mola: orange – rot – gelb – schwarz – rotviolett – blauviolett – dunkelblau – hellblau – grün – eigelb
Vierlagig
Sechseckiger Stern mit zentralem Kreuz. In den Zacken des Sterns sind sechs Dreiecke angeordnet.

143 Hartmann 1978
Rio Sidra, San Blas
VB 16273
Mola-Platte
44,5 x 47,5 cm
Mola: tiefrot – schwarz – knallrot – rosa – rotviolett – blauviolett – blaugrün – gelbgrün – ocker – gelb – kobaltblau – knallblau – orange – weiß
Zweilagig mit weiteren unter- bzw. aufgesetzten Stoffteilen
Hähnchen beim Schuppen eines Fisches.
Im Mittelpunkt der Darstellung steht ein Hahn mit menschenähnlichen Attributen: in der rechten Hand hält er einen großen, nach unten hängenden Fisch am Schwanz, während er mit der linken Hand ein großes Messer umschließt. Drei kleine Fische umkreisen diese Darstellung.
Den Abschluß des unteren Randes bildet ein violetter Stoffstreifen. Der obere Abschluß besteht aus einer Borte mit Zackenlitze.

144 Kunsthandel 1976
VB 16067
Mola-Bluse
44 x 56 cm; 44 x 38 cm
Bluse: zyklamrotes Oberteil. Litzen und Stoffstreifen in grün, weiß, gelb, schwarz, rosa, gelb–rosa
Mola: grauschwarz – hellorange – knallrot – tiefgrün – hellgrün – knallblau – violettrot – grauviolett – hellgelb
Dreilagig und aufgesetzte bzw. untergesetzte weitere Stoffteile

Vorder- und Rückseite der mola unterscheiden sich im bildhaften Aufbau nur unwesentlich voneinander. In der figural-ornamentalen Darstellung fallen verschiedene Töpfe und kannenähnliche Formen auf.
Am oberen Rand der mola laufen Zierstreifen aus hellgelben, hellgrünen und schwarzen Stoffen, auf denen eine weiße Litze angenäht ist. Den unteren Abschluß bilden schwarze und rot-gelb-weiße Stoffstreifen.

145 Hartmann 1978
Carti, San Blas
VB 16237
Mola-Bluse
37 x 47,5 cm; 37 x 31,5 cm
Bluse: bunter Baumwollkrepp mit rosa-orange-weiß gemustertem Halsausschnitt; Zackenlitze als Ärmelabschluß
Mola: schwarz – orange – grün – rot –rosa – knallblau – gelb – ocker –weiß
Dreilagig mit unter- bzw. aufgelegten Stoffteilen
Die mola wird auf beiden Seiten durch waagerechte und senkrechte Achsen gegliedert und durch Rauten, Zahnräder und aus Dreiecken gebildeten Kreuzen im Erscheinungsbild bestimmt.
Der obere Rand der mola-Platte besteht aus einer mit Schrägkreuzen und Strichen besetzten Borte; unterer Abschluß ist eine weiße Zackenlitze auf brauner Kunstseide.

146 Hartmann 1978
Nalunega, San Blas
VB 16220
Mola-Platte
36 x 41 cm
Mola: schwarzgrau – rosaweiß – knallrot – hellgelb – rosa – kobaltblau – pastellgrün – graublau
Zweilagig mit weiteren unter- bzw. aufgesetzten Stoffteilen
Darstellung von Zahnrädern.
Der obere Abschluß besteht aus Stoffstreifen (hellgelb, knallrot) mit aufgesetzter Schmucklitze (dunkelblau).

147 Hartmann 1978
Wichubuala, San Blas
VB 16194
Mola-Platte
35 x 44 cm
Mola: tiefrot – hellgelb – schwarz – graugrün – knallblau – hellblau – hellrot – rosa – pastellgrün – pastellblau
Dreilagig mit unter- bzw. aufgesetzten Stoffteilen
Paneel mit geometrischen Formen.

148 Kunsthandel 1976
VB 16009
Mola-Platte
58,5 x 46 cm
Mola: knallrot – grauschwarz – melonenorange – hellgrün – hellgelb – knallblau – rosaweiß – pastellviolett
Dreilagig mit weißer Stoffunterlage, die aber mustermäßig nicht in Erscheinung tritt
Ornamentale Darstellung.

149 Hartmann 1978
Ailigandi, San Blas
VB 16343
Mola-Platte
41,5 x 35 cm
Mola: schwarz – eigelb – tiefrot – rosa – violett – tiefblau – kobaltblau – grün – gelb – orange
Dreilagig
Badehosen-mola mit unterschiedlichen ornamentalen Musterungen.
Oberer Abschluß durch orangene Zackenlitze.

150 Kunsthandel 1977
VB 16137
Mola-Platte
41,5 x 34 cm
Mola: tiefrot – dunkelrot – hellorange – rosa – gelb – dunkelgrün – grün – olivgrün – lila – knallblau – hellblau – dunkelbraun – schwarz
Dreilagig
Schlips-mola. Auf der Platte sind eine Reihe auf Bügeln aufgehängter Schlipse erkennbar.

151 Hartmann 1978
Wichubuala, San Blas
VB 16192
Mola-Platte
39 x 51 cm
Mola: dunkelgrün – schwarz – tieforange – geraniumrot – knallblau – graublau – hellgrün – hellgelb – rotgelb – hellila – rosa
Vierlagig mit unter- bzw. aufgesetzten Stoffteilen
Das Paneel zeigt in drei übereinanderliegenden Reihen angeordnet je drei Räucherbehälter, die für bestimmte Zeremonien (Initiation, Krankenheilung) benutzt werden.

152 Kunsthandel 1976
VB 16077
Mola-Platte
51 x 34,5 cm
Mola: grau – hellorange – tiefrot – knallblau – graugelb –grün – violett – weiß
Dreilagig mit untergesetzten bzw. aufgesetzten Stoffteilen
Mola-Platte mit Pokal-Darstellungen. Die übernommene Bezeichnung „copa" (=Becher, Pokal) weist auch darauf hin.

153 Kunsthandel 1976
VB 16074
Mola-Platte
57,5 x 40 cm
Mola: hellgelb – blaßrosa – hellorange – knallrot – weißgrau – violett – weiß – grün – knallblau – schwarz – hellbraun
Zweilagig mit unter- bzw. aufgesetzten Stoffteilen.
Paneel mit Regenschirm-Motiven.

154 Hartmann 1978
San Blas
VB 16377
Mola-Platte
46 x 35 cm
Mola: schwarz – orange – tiefrot – rosa – rotviolett –graugrün – blaugrün – gelbgrün – hellblau –oliv – ocker – weiß
Dreilagig
Ein Halbkreis von sechs einander an den Händen fassende Tänzer gruppieren sich um einen Flötenbläser.

155 Unbekannt
San Blas
Ohne Nr. vorgefunden (1)
Mola-Platte
59,5 x 48,5 cm
Mola: geblümtes tiefrot – dunkelblau – orange – graurot – hellgelb – hellblau – schwarz –weißgrau
Dreilagig
Auf zwei Reihen verteilt sind stark stilisierte Tänzer dargesetllt, die sich an den Händen fassen.

156 Kunsthandel 1976
VB 16044
Mola-Platte
50 x 38,5 cm
Mola: hellorange (hellbeige) – knallrot
Zweilagig
Geometrisch-figurale Aufreihung von Figuren, die sich an den Händen gefaßt haben (tanzende Figuren?).

157 Kunsthandel 1975
VB 15960
Mola-Platte
52 x 39,5 cm
Mola: goldgelb – schwarz – dunkelrot – knallblau – dunkelgrün – lila – weiß
Zweilagig
Zwei menschenähnliche Gestalten gehen – beide Hände ausgestreckt – aufeinander zu.

158 Kunsthandel 1977
VB 16098
Mola-Platte
52,5 x 42,5 cm
Mola: grauschwarz – schwarz – rot – hellorange – grün – hellgelb – hellblau – dunkelblau – lila – hellrosa – weiß
Dreilagig mit unter- bzw. aufgesetzten Stoffteilen
Platte mit figuraler Darstellung. Eine Pfeife rauchende Frau sitzt auf einem geschnitzten Holzschemel und hält in beiden Händen je einen überdimensional großen Feuerfächer.

159 Hartmann 1978
Nalunega, San Blas
VB 16222
Mola-Platte
37 x 43,5 cm
Mola: rot – orange – schwarz – grün – hellgelb – weiß – violett – blau-violett – knallblau – graugrün – rosa – meergrün
Dreilagig mit weiteren unter- bzw. aufgesetzten Stoffteilen
Spielkarten-mola

160 Hartmann 1978
San Blas
VB 16362
Mola-Platte
33 x 44 cm
Mola: dunkelrot – kobaltblau – schwarz – rosa – violett – knallblau – hellblau – hellgrün – dunkelgrün – gelb – ocker – orange – weiß
Zweilagig mit weiteren aufgesetzten bzw. unterlegten Stoffteilen
Zwei Figuren, eine männliche und eine weibliche, sitzen an einem Tisch, auf dem ein aufgeschlagenes Buch liegt. Die auf dem Tisch befindlichen Flaschen tragen die Aufschrift R und RC. Der Mann raucht Pfeife. Über den Köpfen schweben blattartige und nicht identifizierbare Gebilde.

161/162 Kunsthandel 1976
VB 16072
Mola-Bluse
32,5 x 32 cm; 32,5 x 24,5 cm
Bluse: graugelbes Oberteil mit Schmuckstreifen (grauweiß, rosa, grauschwarz)
Mola: tiefrot – rosa – graublau – graugelb – grauschwarz – hellgrün – gelb – weiß
Zweilagig mit aufgesetzten bzw. unterlegten Stoffteilen
Diese Bluse stellt eine Kinder-mola dar und zeigt auf Vorder- und Rückseite einen liegenden Elefanten, der von verschiedenen, mit Hüten versehenen Männern gesäubert wird.
Abschluß oben: grauschwarzer Schmuckstreifen.

163 Kunsthandel 1976
VB 16066
Mola-Bluse
45 x 59 cm; 45 x 40 cm
Bluse: zyklamrotes Oberteil mit Zierstreifen (blaßrot, schwarz, hellbraun, schwarz, gelb) und tiefgrünen Litzen
Mola: knallrot – rosa – schwarz – dunkelgrün – maisgelb – knallblau – hellorange – weiß – glockenblumenviolett
Dreilagig und aufgesetzte bzw. untergesetzte weitere Stoffteile
Vorder- und Rückseite differieren in der Wiedergabe. Die Vorderseite zeigt den Kampf zwischen einer Schlange und einem drachenähnlichen Tier. Daß es sich tatsächlich um eine Schlange handeln soll, wird auch aus der Unterschrift „culebra" ersichtlich. Die Rückseite zeigt ebenfalls eine Schlange, sowie ein liegendes Mischwesen mit einem behüteten menschlichen Kopf, das mit den Armen ein Gewehr führt, während die unteren Proportionen einem Fischleib zugehörig erscheinen. Ein Vogel ist in das Mischwesen einkomponiert.
Den oberen Abschluß bilden schwarz-weiß-rote Streifen mit hellgelber Zickzack-Litze; unten ist an die mola ein bunter Stoffstreifen angenäht.

164 Kunsthandel 1977
VB 16103
Mola-Bluse
48 x 48,5 cm; 48 x 38 cm
Bluse: Blaues Oberteil mit Schmuckstreifen (rot, rosa)
Mola: grün – schwarz – tiefrot – hellorange – hellgelb – maisgelb – lila – blaugrün – hellgrün – olivgrün – hellbraun – knallblau – violett – weiß
Dreilagig mit unter- bzw. aufgesetzten Stoffteilen.
Beide Seiten der Bluse zeigen das gleiche Motiv: ein vierbeiniges Wesen mit dem Körper eines Pferdes, mit Schwingen und einem vogelähnlichen Kopf ausgestattet.
Abschluß oben: ornamentale schwarze Passe mit verschiedenfarbigen, sich wiederholenden Ornamenten und goldgelber Zierlitze
Abschluß unten: goldgelber Stoffstreifen.

165 Hartmann 1978
Carti, San Blas
VB 16235
Mola-Bluse
43 x 51,5 cm; 43 x 39 cm
Bluse: roter Baumwollkrepp; Ärmel und Passe sind eingefaßt mit buntgemustertem und schwarzem Stoff und weißer Zackenlitze. Am Ärmelbündchen Abschluß mit Zackenlitze
Mola: rot – schwarz – rosa – orange –violett – gelbgrün – blau – grün – kobaltblau – knallblau –zitronengelb – maisgelb – weiß – oliv – lila
Zweilagig mit weiteren unterlegten bzw. aufgelegten Stoffteilen
Auf beiden mola-Paneelen sind je zwei bauchige Behälter mit einer Unterteilung von je zwei Böden dargestellt, in deren Innerem sich kleine, unterschiedlich farbige Tiere befinden. Senkrechte Streifengruppen und weitere Tiere füllen die freien Flächen.
Unterer Abschluß aus eingefaßtem Baumwollstreifen; oberer Abschluß mit Zackenlitze.

166 Kunsthandel 1976
VB 16020
Mola-Platte
46,5 x 37 cm
Mola: grauschwarz – knallrot – hellorange – maisgelb – hellgrün – knallblau – lila – schwarzgrau – rosa – weiß
Dreilagig mit weiteren unterlegten Stoffteilen
Im Mittelpunkt eines zentralen Kreismotivs steht ein Tierkopf mit Geweih. Zoomorphe Darstellungen umgeben dieses Zentrum. Es handelt sich um die leicht abgewandelten Insignien der Republikanischen Partei Panamas.

167 Kunsthandel 1975
VB 15963
Mola-Platte
55,5 x 41 cm
Mola: graugrün – dunkelrot – orange – schwarz – hellgrau – lila – gelb – grauweiß
Dreilagig
Neben anderen Darstellungen wird eine Jagdszene verdeutlicht. Beteiligt sind zwei Männer und zwei Tiere.

168 Kunsthandel 1977
VB 16097
Mola-Platte
46 x 36 cm
Mola: grün – grauschwarz – dunkelrot – maisgelb – knallblau – lila – dunkelgrün – rosa – pastellviolett – weiß
Dreilagig
Drei menschengestaltige Figuren unterschiedlicher Größe tragen auf ihren Köpfen Behälter, die mit besonderen Zeichen charakterisiert sind.

169 Kunsthandel 1977
VB16150
Mola-Platte
51,5 x 43 cm
Mola: grauschwarz – maisgelb – blaurot – rosa – knallblau – lila – hellgrün – graugrün
Dreilagig
Geometrisch-ornamentale Darstellung, die im Zentrum einen anthropomorphen Kopf aufweist (Taucherglocke?).

170 Hartmann 1978
Ailigandi, San Blas
VB 16340
Mola-Platte
40 x 45,5 cm
Mola: dunkelrot – orange – schwarz – violettrot – rosa – violett – dunkelblau – knallblau – graublau – grün – ocker – gelb – weiß
Dreilagig mit weiteren aufgesetzten bzw. unterlegten Stofflagen
Zwei Drachenwesen mit gezähntem Rückenteil und einer Art Helm auf dem Kopf liegen übereinander. In ihrem Maul tragen sie jeweils den Kopf eines Tieres, deren Körper und Schwanz nach unten hängen.

171 Hartmann 1978
Mulatupo, San Blas
VB 16260
Mola-Platte
44,5 x 35,5 cm

Mola: schwarz – rot – rosa – violett – grünblau – grün – gelb – orange – weiß
Zweilagig

Ein nach rechts gerichteter großer Vogel trägt in seinem langen Schnabel ein Bündel, in dem ein menschliches Wesen hängt. Im oberen Teil des Paneels und oberhalb des Vogelrückens liegt eine anthropomorphe Gestalt auf dem Bauch, während in der unteren rechten Ecke ein kleiner Vogel steht.

172 Hartmann 1978
Achutupo, San Blas
VB 16305
Mola-Platte
31,5 x 44 cm
Mola: schwarz – orange – rot – hellrosa –rosa – dunkelrosa – violett – graublau –knallblau – hellgrün – dunkelgrün – gelbgrün – gelb – ocker – orange
Zweilagig mit weiteren unter- bzw. aufgesetzten Stoffteilen

Chamäleonartiges Tier mit floralen Mustern und den büstenartigen Köpfen zweier kleinerer Tiere.

173 Hartmann 1978
Rio Sidra, San Blas
VB 16272
Mola-Platte
45,5 x 46,5 cm
Mola: tiefrot – schwarz – knallrot – rosa – rotviolett – blauviolett – blaugrün – gelbgrün – ocker – gelb – kobaltblau – knallblau – orange – weiß
Zweilagig mit weiteren unter- bzw. aufgesetzten Stoffteilen

Auf dem mola-Paneel ist ein Hahn markiert, der mit Hilfe zweier Arme einen großen Besen ergriffen hat. Weitere drei kleine Besen sind um ihn herum postiert.
Der untere Einfssungsstreifen besteht aus violettem Stoff, der obere Abschluß der Platte aus einer Borte mit tiefblauer Zackenlitze.

174 Galbis 1972
Aquatupo, San Blas
VA 65183
Mola-Platte
45 x 37 cm
Mola: hellorange– –dunkelrot – blauviolett – schwarzgrau – grauweiß – graugelb – kobaltblau – graublau – graumagenta
Dreilagig

Das Paneel zeigt im Zentrum einen Armadillo (Gürteltier), der für die Land-Cuna besondere mythologische Bedeutung besaß bzw. besitzt.

175 Kunsthandel 1976
VB 16017
Mola-Platte
61 x 45,5 cm
Mola: grauweiß – hellorange – schwarz – dunkelrot – rosa – hellgrün – kornblau – lila – hellgrau
Dreilagig mit untergesetzten Stoffteilen

Zwei menschliche Figuren, die mit jeweils einem ausgestreckten Arm gegeneinander zulaufen.

176 Hartmann 1978
San Blas
VB 16376
Mola-Platte
41,5 x 35 cm
Mola: schwarz – orange – grün – rot – rosa – violett – blaugrün – tiefblau – gelbgrün – oliv – gelb – orange – weiß
Dreilagig

Das Mittelfeld wird von einem rudimentären Adlersymbol mit ausgebreiteten Schwingen eingenommen. Aus den Schultern des Tieres erheben sich zwei Fahnen, von denen eine diejenige Panamas ist. Ein gebogenes Spruchband „Escuela Isla Pino" weist auf die Schule in Pino, einer kleinen Atoll-Insel im Osten der Comarca, hin.

177 Hartmann 1978
Mulatupu, San Blas
VB 16255
Mola-Platte
31 x 41,5 cm

Mola: rot – orange – schwarz – rosa – orange – violett – knallblau – grün – gelb – weiß
Zweilagig mit weiteren unter- bzw. aufgesetzten Stoffteilen

Boxer-Darstellung. Sie entspricht der Abb. 178 im wesentlichen. Lediglich die Haltung ist modifizierter: der rechte Arm ist vor der Brust angewinkelt und nur der linke ist zum Schlag erhoben. Gesichtsform und Farbgebung differieren ebenfalls.

178 Hartmann 1978
Mulatupu, San Blas
VB 16254
Mola-Platte
30 x 41 cm

Mola: rot – orange – schwarz – rosa – orange – violett – grün – gelb – weiß – knallblau
Zweilagig mit weiteren unter- bzw. aufgesetzten Stoffteilen

Boxer-mola. In zwei aufrecht gestellten, farbig konturierten Rechtecken ist je ein Boxer angeordnet, der mit gegrätschten Beinen und erhobenen Armen den Gegner erwartet. Sehr deutlich ist das Zubehör eines Boxkämpfers dargestellt, wie die übergroßen Boxhandschuhe, die kurze Hose und die halblangen Schuhe.

179 Hartmann 1978
San Blas
VB 16352
Mola-Platte
34 x 46 cm

Mola: rot – dunkelblau
Zweilagig

Acht verschieden große einfache Schiffsformen wurden aus der roten Stoffschicht ausgeschnitten.

180 Hartmann 1978
San Blas
VB 16353
Mola-Platte
38,5 x 43,5 cm

Mola: maisgelb – rotviolett – dunkelbraun
Zweilagig

Darstellungen von vier gleichartigen Schiffen mit hausähnlichem Aufbau und je zwei Fahnen.

181 Hartmann 1978
Carti, San Blas
VB 16247
Mola-Platte
47 x 36 cm

Mola: gelb – orange – rot – schwarz – rosa – violett – grünblau – grün – ocker – weiß
Dreilagig

Wiedergabe eines Unterseebootes in der Form einer Schlange. Drei menschliche Figuren befinden sich im Inneren des Bootes, das von Meeres- und Landtieren (Vogel, Schlange, Rochen) sowie von geometrischen Ornamenten umgeben ist.

182 Hartmann 1978
Mulatupo, San Blas
VB 16258
Mola-Platte
45,5 x 41,5 cm

Mola: dunkelrot – grün – hellrot – schwarz – rosa – violett – grünblau – gelbgrün – gelb – orange – weiß
Dreilagig mit unter- bzw. aufgesetzten Stoffteilen

Die Fläche des Paneels wird durch ein Schiff mit Mast und Segeln gefüllt. Der Schiffskörper trägt die Aufschrift Icton. Streifengruppen und unregelmäßig gestaltete kugelförmige Gebilde und geometrische Formen sind über die Restfläche verteilt.

183 Hartmann 1978
Wichubuala, San Blas
VB 16198
Mola-Platte
34 x 44 cm

Mola: schwarz – seegrün – tiefrot – graurot – maisgelb – graugelb – violettblau – hellviolett – hellblau – pastellblau – melonenorange – graugrün – purpurrosa – pastellrot
Dreilagig

Darstellung von ankerähnlichen Geräten.

184 Galbis 1972
Aquatupo, San Blas
VA 65197
46 x 48,5 cm; 46 x 39 cm

Bluse: hellbrauner Rips mit Schmuckborten (schwarz, lila, rot, grün, blau). Unterer Abschluß mit schwarzem Stoffstreifen
Mola: maisgelb – hellorange – rot – schwarz –knallblau – grün – lila – purpur – hellviolett
Dreilagig
Es handelt sich um eine Neujahrsbluse, die aus Anlaß des Jahres 1969 (Dezember 1968) angefertigt wurde.

185 Kunsthandel 1978
VB 16169
Mola-Platte
48 x 38,5 cm
Mola: schwarz – knallrot – rosa – gelbgrün – grün – weiß – hellblau – tiefblau – hellorange – maisgelb
Zweilagig
Paneel mit Stern-Motiv im Zentrum, das von einem Kreis umschlossen wird. Auf der Platte treten die Buchstaben A n (año?) immer wieder auf. Möglicherweise handelt es sich um eine mola, die aus Anlaß eines neuen Jahres angefertigt wurde.

186 Kunsthandel 1977
VB 16096
Mola-Platte
45 x 36,5 cm
Mola: tiefrot – schwarz – orange – knallblau – hellblau – lila – hellgrün – dunkelgrün – maisgelb
Zweilagig mit untergesetzten bzw. aufgesetzten Stoffteilen
Paneel mit sechs Kreisen, in denen Buchstaben – überwiegend das A – dargestellt sind. Möglicherweise eine mola, die zum Jahresanfang angefertigt wurde.

187 Hartmann 1978
Achutupo, San Blas
VB 16313
Zwei zusammengenähte mola-Platten
je 42,5 x 40 cm
Mola: rot – blau – schwarz – rosa –grün – gelb – orange – ocker –weiß
Dreilagig mit weiteren unter-bzw. aufgesetzten Stoffteilen
Beide gleichartigen Paneele sind mit einer doppelten S-Form versehen, die aus vielen farbigen Konturen bestehen und auf den umschlossenen Flächen mit mehrblättrigen Blütenformen ausgestattet. Eine S-Form ist spiegelverkehrt dargestellt.
Die obere Schmuckborte besteht aus rosa Zackenlitze; der untere Rand ist mit umgeschlagenem Stoff eingefaßt.

188 Hartmann 1978
Mamitupu, San Blas
VB 16233
Mola-Platte
44,5 x 34,5 cm
Mola: schwarz – maisgelb – tiefrot – hellgrün – knallblau – purpurrosa – dunkelgrün – hellila
Dreilagig
Zeichen-mola mit spiegelbildlichen Zahlen, die ausgefüllt sind mit dem chinesischen Zeichen für „Himmel" und dem lateinischen s.

189 Kunsthandel 1976
VB 16047
Mola-Platte
43,5 x 39,5 cm
Mola: grauweiß– –schwarzgrau – weiß – tiefrot – orangerot – graugrün – hellorange – azurblau – pastellviolett
Zweilagig mit untergesetzten bzw. aufgesetzten Stoffteilen
Typische Zahlen-mola.

190 Hartmann 1978
San Blas
VB 16375
Mola-Platte
41 x 33 cm
Mola: schwarz – orange – dunkelrot – rosa – violett – grünblau – tiefblau – grün – oliv – gelb – orange – weiß
Dreilagig mit unter- bzw. aufgesetzten Stoffteilen
Die Fläche wird durch die Buchstaben RE weitgehend ausgefüllt. In den oberen Teil der beiden Buchstaben sind stilisierte menschliche Köpfe eingearbeitet, im unteren Teil des R zwei Fabeltiere bzw. bei dem E ein Fisch.

191 Hartmann 1978
San Blas
VB 16354
Mola-Platte
36,5 x 42 cm
Mola: schwarz – rot – weiß – lachsrosa – rosa – violett – knallblau – dunkelgrün – hellgrün – hellgelb – maisgelb – ocker
Dreilagig mit weiteren aufgesetzten bzw. unterlegten Stoffteilen
Mola-Paneel mit der Inschrift: 3-De-Noviembre-1975.

192 Hartmann 1978
Playón Chico, San Blas
VB 16294
Mola-Platte
32,5 x 40,5 cm
Mola: rot – rosa – indigoblau – knallblau – graublau – violett – schwarz – grün – gelb – ocker – orange – weiß
Dreilagig mit weiteren unter- bzw. aufgesetzten Stoffteilen
Darstellung eines Engels mit ausgebreiteten Federflügeln, auf einer Wolke sitzend. Der Oberkörper ist von einem weiten Gewand umgeben, aus dem gefaltete Hände sichtbar werden, die ornamental gearbeitet sind. Mehrere fünfzackige Sterne schmücken das Paneel.

193 Hartmann 1978
Achutupo, San Blas
VB 16307
Mola-Platte
29 x 36 cm
Mola: dunkelrot – knallblau – rosa – schwarz – violett – graublau – blaugrün – gelbgrün – gelb – ocker – orange – weiß
Zweilagig mit weiteren unter- bzw. aufgesetzten Stoffteilen
Paneel mit stilisierter Waage. An einem gebogenen Querbalken hängen zwei Körbe. Ein unverhältnismäßig kleiner Mann mit Hut steht vor einem Regal und hat vor sich auf einem Tisch ein ausgebreitetes Kleidungsstück liegen. Fünfzackiger Stern, Mäander- und Tiermuster bedecken Fläche und Waage.

194 Kunsthandel 1976
VB 16063
Mola-Bluse
42 x 52,5 cm; 42 x 35 cm
Bluse: weißes Oberteil mit dunkelroten, gelben und violetten Zierstreifen. Rotviolette Zierlitzen
Mola: knallrot – schwarz – hellgelb – maisgelb – tieforange – tiefgrün – graugrün – gelbgrün – knallblau – hellblau – hellorange
Dreilagig mit zahlreichen aufgesetzten bzw. untergesetzten Stoffteilen
Die beiden Seiten der mola-Bluse zeigen die gleiche figurale Anordnung: Kreismotiv mit Buchstaben und Fischdarstellungen.
Es handelt sich um die Übernahme des Etiketts einer Reklame für Zwirne zur Herstellung von Fischnetzen. Die Herstellerin „The Grady-Travers Co., New York" ist in den Buchstaben des Doppelkreises noch erfaßbar. Den Abschluß der Bluse bilden schwarz-weiß-rote Stoffstreifen.

195/196 Hartmann 1978
Rio Sidra, San Blas
VB 16265
Mola-Bluse
38 x 47 cm; 38 x 32,5 cm
Bluse: aus olivbraun-orange-gemustertem Baumwollkrepp. Schmuckborten auf Schulternaht und an dem Ärmelbündchen aus verschiedenfarbigen Zackenlitzen (gelb, weiß, grün)
Mola: schwarz – rot – rosa – blaugrün – gelbgrün – ocker – gelb –kobaltblau – knallblau – violett – orange – weiß
Zweilagig mit weiteren unter- bzw. aufgesetzten Stoffteilen
Auf beiden Seiten der Bluse sind ein Vogelkopf bzw. ein Wesen mit doppeltem Vogelkopf auf einem runden Medaillon angebracht, das jeweils auf einem Dreieck steht. Mehrere Dreiecksornamente schmücken die Seiten zusätzlich.

197/198 Hartmann 1978
Carti, San Blas
VB 16236
Mola-Bluse
41 x 50,5 cm; 41 x 35,5 cm

Bluse: Roter Baumwollcord (einschließlich des Volant); die Borten bestehen aus unterschiedlich gemusterten Bändern (schwarz, weiß, grün, blau-gelb, weiß –blau-rot); die Zackenlitzen aus den Farben gelb und ocker

Mola: schwarz – rot – gelb – rosa –violett – knallblau – hellblau –hellgrün – dunkelgrün – oliv –orange – gelb – weiß
Dreilagig mit weiteren unter- bzw. aufgelegten Stoffteilen

Die Vorderseite des Paneels zeigt in vier farbigen Feldern menschliche Porträts: die oberen beiden Felder stellen eine männliche Person mit Hut und Jackett dar, die beiden unteren Felder werden von weiblichen Personen mit Kopfhaube, Schleife und Kleid eingenommen. Die Rückseite der mola-Platte weist in den oberen Feldern je zwei Sonnen mit menschlichen Gesichtern und in den unteren Kästen wiederum weibliche Personen mit Kopfhaube, Schleife und Kleid auf.

199' Hartmann 1978
Wichubuala, San Blas
VB 16203
Mola-Platte
36,5 x 51 cm

Mola: rot – schwarz – tiefblau – knallblau – rosa – hellgelb – hellrot – weiß – hellviolett – hellgrün
Zweilagig mit unter- bzw. aufgesetzten Stoffteilen

Zwei nach außen gerichtete Tierköpfe, die zu einem gemeinsamen Symbol komponiert wurden, beherrschen das Paneel.
Der obere Abschluß erfolgt durch drei Stoffstreifen (pastellgelb, hellorange, schwarz) mit aufgesetzter hellgrüner Schmucklitze; den unteren Rand bildet ein angesetzter Stoffstreifen.

200 Hartmann 1978
San Blas
VB 16360
Mola-Platte
35,5 x 43 cm

Mola: schwarz – orange – rot – rosa – rotviolett – blauviolett – knallblau – blaugrün – gelbgrün – oliv – ocker – hellgelb – eigelb – orange – weiß
Zweilagig mit weiteren aufgesetzten bzw. unterlegten Stoffteilen

Auf dem Paneel ist ein tigerartiges Tier mit ausgestreckter Zunge zwischen gezackten Zähnen und einer Brille über den Augen dargestellt. Zwischen Vorder- und Hinterbeinen befindet sich ein gleicher Kopf. Drei ornamentierte und gekerbte Platten umgeben den mit sechs kreuzförmigen Blüten besetzten Körper des Tieres. Der Schwanz ist auf dem Rücken nach oben gebogen.

201 Hartmann 1978
Achutupo, San Blas
VB 16317
Mola-Platte
45 x 39 cm

Mola: weinrot – grün – rot – schwarz – dunkelrosa – hellrosa – rotviolett – blauviolett – ultramarin – tiefblau – grün – oliv – ocker – gelb – orange – weiß
Dreilagig

Ein tigerähnliches Wesen steht aufrecht mit gebleckten Zähnen und erhobenen Armen, von denen Adlerschwingen ausgehen. Der Körper des Tieres ist mit zahlreichen Ornamenten verziert.

202 Kunsthandel 1977
VB 16125
Mola-Platte
48,5 x 42 cm

Mola: weinrot – braunviolett – dunkelrot – hellorange – maisgelb – blau – graugrün – hellgrün – schwarz – weiß
Zweilagig

Ein kleines Schiff mit zwei Besatzungsmitgliedern wird von zwei gegeneinander springenden Delphinen umrahmt.

203 Kunsthandel 1976
VB 16004
Mola-Platte
42 x 36 cm

Mola: blaßrosa – knallrot – pastellgrün – pastellgelb – blaßgelb – knallblau – hell-lila
Dreilagig

Darstellung, die an gekreuzte Staatsflaggen denken läßt.

204 Kunsthandel 1975
VB 15982
Mola-Platte
50,5 x 37 cm
Mola: knallrot – hellgrün – dunkelgrün – hellblau – knallblau – lila – maisgelb – weiß – orange – schwarz
Zweilagig mit zahlreichen aufgesetzten und unterlegten Stoffteilen
Es handelt sich um die auf eine mola erfolgte Umsetzung einer geschützten Handelsmarke. Dies geht bereits aus der übernommenen Stirnschrift „Marca Registrada" hervor. Um was für ein Produkt es sich bei „La Boromnia" handelt, das als „siegend" bezeichnet wird (Vincit), konnte nicht mehr in Erfahrung gebracht werden.

205 Hartmann 1978
Mamitupu, San Blas
VB 16230
Mola-Platte
36 x 43,5 cm
Mola: persischorange – tiefrot – knallblau – hellblau – maisgelb – hellviolett – kupfergrün – hellgrün – primelgelb – weiß – schwarz
Zweilagig mit weiteren unter- bzw. aufgesetzten Stoffteilen
Darstellung eines Tieres (Adler?), das über mehreren fahnenähnlichen Emblemen mit Tierzeichen thront.

206 Kunsthandel 1977
VB 16093
Mola-Platte
44 x 32 cm
Mola: schwarzgrau – blaurot – rosa – hellorange – hellblau – grün – gelb – hellbraun – violett
Dreilagig mit unterlegten bzw. aufgesetzten Stoffteilen
Paneel mit Sternmotiv (?) und figuralen Darstellungen. Die Buchstaben A, E, I, O und U kommen an verschiedenen Stellen vor.

207 Hartmann 1978
Achutupo, San Blas
VB 16310
Mola-Platte
34 x 43,5 cm
Mola: rot – schwarz – rosa – violett – blaugrün – gelbgrün – gelb – ocker – orange – knallblau – graublau – weiß
Zweilagig
Wiedergabe eines stilisierten Adlers mit einem Doppelgesicht, ausgebreiteten Schwingen und zwei Schlangen auf dem Leib, die sich zueinander wenden. Der Adler wird von zwei Tieren flankiert.

208 Hartmann 1978
Wichubuala, San Blas
VB 16195
Mola-Platte
38 x 49 cm
Mola: tiefrot – gelbrot – knallblau – maisgelb – hellgelb – hellila – purpur – saftgrün – graugrün – rosa
Dreilagig mit unter- bzw. aufgesetzten Stoffteilen
Auf dem Paneel sitzen sich zwei geflügelte tierähnliche Wesen gegenüber, deren Köpfe mit hohen Kappen bedeckt sind. Die Darstellung erinnert an assyrische Vorbilder.

209 Galbis 1972
Mamitupo, San Blas
VA 65186
Mola-Platte
44 x 36 cm
Mola: dunkelrot – graurot – hellorange – hellgelb – blaßgelb – schwarzgrau – kobaltblau – graugrün
Dreilagig
Angeblich eine der ersten darstellenden molakana von Mamitupo: ein Gesicht mit herausgestreckter Zunge. Der Aufbau erinnert an die Sonnenscheibe der Azteken.

210 Kunsthandel 1977
VB 16149
Mola-Platte
47,5 x 43 cm
Mola: schwarz – tiefrot – rosa – hellblau – weiß – hellgelb – grün – purpurrosa – hellbraun
Dreilagig
Florale und zoomorphe Formen.

211 Hartmann 1978
Mulatupo, San Blas
VB 16259
Mola-Platte
36,5 x 27,5 cm
Mola: tiefrot – orange – hellrot – schwarz – rosa – violett – hellgrün – dunkelgrün – gelb – weiß
Dreilagig mit unter- bzw. aufgesetzten Stoffteilen
Die farbig konturierten Umrißlinien von zwei aufrecht stehenden Rechtecken sind oben unterbrochen und führen über flache Dreieckslinien wiederum zu Rechtecken, in deren Mittelpunkt je ein Mensch mit erhobenen Armen steht. Der breit abstehende Rock deutet jeweils auf eine Frau hin.

212 Hartmann 1978
Mamitupo, San Blas
VB 16331
Mola-Platte
34,5 x 41,5 cm
Mola: rot – schwarz – gelb – rosa – blaßviolett – dunkelviolett – graugrün – knallblau – gelb
Dreilagig mit weiteren unter- bzw. aufgesetzten Stoffteilen
Paneel mit zoomorphem Ornament, an dem zwei Klauen, zwei Schwänze und zwei spiralförmige Köpfe sichtbar sind.

213 Kunsthandel 1975
VB 15964
Mola-Platte
52 x 41,5 cm
Mola: goldgelb – dunkelgrau – knallrot – pastellgrün – weißgrau – blaugrau – gelbgrau
Dreilagig mit mehreren untergesetzten bzw. aufgenähten Stoffteilen
Mola-Platte mit anthropomorpher Darstellung.

214 Hartmann 1978
Mamitupu, San Blas
VB 16384
Mola-Platte
49,5 x 40,5 cm
Mola: blaugrün – schwarz – grauschwarz – braunrot – tiefblau – dunkelbraun – hellorange – rosa – maisgelb – rotviolett – hellgrün – violettweiß – hellgelb
Dreilagig
Im Mittelteil der mola und unter einem Stern steht ein menschliches Wesen. Es ist umgeben von einem inselartigen Gebilde mit angedeuteten kirchenähnlichen Bauten.

215 Galbis 1972
Naranjo Grande, San Blas
VA 65194
Mola-Platte
47 x 37 cm
Mola: graurot – möhrenrot – schwarzgrau – graugrün – weiß – pastellgelb – maisgelb – graugelb – kükengelb – knallblau – lila (mauve)
Vierlagig, z. T. mit aufgesetzten Stoffteilen
Der böse Geist (Teufel) Niau.

216 Galbis 1972
Naranjo Grande, San Blas
VA 65195
Mola-Platte
51 x 44 cm
Mola: dunkelrot – graurot – hellrot – grauschwarz – schwarz – kükengelb – violett – hellviolett – graugrün – knallblau – weißgrau
Dreilagig mit aufgesetzten Stoffteilen
Wiedergabe der bösen Kraft (böser Geist), allgemein als Niau bezeichnet. Die halb anthropomorphe halb zoomorphe Darstellung wird von Tieren des Landes und des Wassers umgeben.

217 Kunsthandel 1978
VB 16159
Mola-Platte
40 x 30 cm
Mola: schwarz – dunkelrot – hellrot – weiß – gelbgrün – knallblau – maisgelb – rosa
Dreilagig
Das Paneel zeigt u. a. florale Darstellungen und zwei Flaggen.

218 Kunsthandel 1976
VB 16022
Mola-Platte
46 x 36 cm
Mola: dunkelrot – hellrot – hellgrün – knallblau – hellorange – schwarz – weiß – pastellviolett
Dreilagig mit weiteren unterlegten Stoffteilen
Wiedergabe zweier zoomorpher Figuren, zwischen denen zwei gekreuzte Fahnen sichtbar sind. Aus den durcheinandergebrachten Zahlen und Buchstaben sind zu entnehmen: 1903, (19)23, (19)63, Panama Revol.

219 Galbis 1972
Carti, San Blas
VA 65191
Mola-Platte
43 x 35 cm
Mola: dunkelrot – hellorange – blaßorange – grauweiß – schwarzgrau – kobaltblau – grauviolett – gelborange – graugrün – blaßviolett
Dreilagig mit untersetzten Stoff-Flicken
Es handelt sich um eine politische mola-Platte, in welcher der Präsidentschaftskandidat Dr. Carizo dargestellt wurde. („Dr. Carizo Diputado, Presidente 68–69").

220 Galbis 1972
Mamitupo, San Blas
VA 65185
Mola-Platte
41 x 34 cm
Mola: dunkelrot – hellorange – schwarzgrau – blaßgelb – tiefgrün – hellgrün – kobaltblau – mattblau – blauviolett – blaßviolett – dunkelbraun – weißgrau
Vierlagig
Ein Mann hinter einem Rentier sind auf dem Paneel dargestellt, die von weiteren anthropomorphen Wesen mit einem verkleinerten Rentier umgeben werden. Vermutlich handelt es sich um die Umsetzung eines Werbe- oder Polit-Plakates. Rentiere gibt es bekanntlich in den Tropen und Subtropen nicht.

221 Kunsthandel 1976
VB 16024
Mola-Platte
48 x 33,5 cm
Mola: dunkelgrün – schwarzgrau – dunkelrot – rosa – pastellviolett – hellorange – knallblau – hellgelb – weiß
Zweilagig mit weiteren unterlegten Stoffteilen
Offenbar als Werbe- oder politische mola der Insel Rio Tigre gedacht. Die Überschrift appelliert an die genossenschaftliche gegenseitige Hilfe (Ayuda mutua).

222 Hartmann 1978
San Blas
VB 16355
Mola-Platte
29 x 39 cm
Mola: rot – ocker – weiß – blau
Zweilagig
Die blau-weiß-rote Flagge im Zentrum mit den aufgestickten Kreuzen stellt wohl die panamesische Staatsflagge dar und ist flankiert von zwei Bäumen. Der obere Bildrand wird durch die Inschrift „3 de Noviembre" eingenommen.

223 Kunsthandel 1978
VB 16170
Mola-Platte
48 x 37,5 cm
Mola: knallrot – schwarz – maisgelb – hellblau – knallblau – hellgrün – grün – rosa – hellorange – rotviolett – blaßviolett
Zweilagig

Trotz der dargestellten Kirchenglocken scheint es sich um eine politische mola zu handeln. Die kreisförmige Beschriftung um die Hauptglocke läßt dies vermuten: Partido liberal nacional = National-Liberale Partei. Am unteren Teil der Platte heißt es ,,Acampana", möglicherweise soll es heißen: acampanado = glockenförmig.
Die anderen unvollständigen Worte lassen sich nicht entziffern.

224 Galbis 1972
Aquatupo, San Blas
VA 65184
Mola-Platte
44 x 36 cm
Mola: dunkelrot – hellorange – schwarzgrau – maisgelb – graugelb – weißgrau – pastellviolett –graugrün
Vierlagig
Mola-Platte mit den Darstellungen eines großen und zweier kleinerer Fische.

225 Kunsthandel 1977
VB 16086
Mola-Platte
44 x 35 cm
Mola: weiß – tiefgrün – knallgrün – hellgelb –dunkelgelb – purpurrot – hochrot – violettrot – schwarz – hellorange
Zweilagig mit unterlegten Stoffteilen
Mola-Platte mit figural-ornamentaler Darstellung.

226 Hartmann 1978
Panama City
VB 16371
Mola-Platte
41,5 x 50,5 cm
Mola: schwarz – rosa – grau
Dreilagig
Paneel mit Doppelspirale, die den Rändern von zwei sich diagonal gegenüberliegenden Dreiecken folgt.

227 Kunsthandel
VB 15938
Mola-Platte
44 x 33 cm
Mola: knallrot – schwarz – gelbgrün – hellbraun –maisgelb – purpur
Dreilagig
Florale und zoomorphe Darstellungen.

228 Hartmann 1978
San Blas
VB 16369
Mola-Platte
36,5 x 45 cm
Mola: rot – orange – schwarz – rosa – knallblau –graublau – blaugrün – grün – oliv – hellgelb –dunkelgelb – orange – braun
Dreilagig mit weiteren aufgesetzten bzw. unterlegten Stoffteilen
Zwei große, kugelige Baumformen, deren Kronen mit konzentrischen Kreisen und Streifen gefüllt sind, beherrschen das Paneel. Zwischen ihnen steht eine kleine dreigeteilte Baumform.

229 Hartmann 1978
San Blas
VB 16370
Mola-Platte
33,5 x 43 cm
Mola: hellrot – weiß – schwarz – dunkelrot – rosa –hellviolett – dunkelviolett – knallblau – kobaltblau – blaugrün – gelbgrün – eigelb –orange
Zweilagig mit weiteren aufgesetzten bzw. unterlegten Stoffteilen
Das Paneel wird durch zwei aufrecht stehende, unten abgerundete Rechtecke ausgefüllt. Im unteren Teil sitzt je ein Tier wie auf Knien mit erhobenen Vorderpfoten; vom Nacken hängt ein gezähnter Schweif herab.
Im oberen Teil der Rechtecke stehen sich je zwei kleine Vögel gegenüber.

230 Hartmann 1978
Panama City
VB 16373
Mola-Platte
36,5 x 43,5 cm

Mola: orange – graublau – schwarz – dunkelrot –hellrosa – dunkelrosa – rotviolett – dunkelblau – dunkelgrün – gelb – weiß
Zweilagig mit weiteren aufgesetzten bzw. unterlegten Stoffteilen

Das Paneel zeigt zwei aufrecht stehende, einander zugewandte Fische, deren Rückenflossen sich krönchenartig auf dem Kopf fortsetzen.

231 Kunsthandel
VB 16127
Mola-Decke
42 x 34,5 cm

Decke: graublau– –grün – grüngelb – hellorange –rot – lachsrot – schwarz – blau – weiß
Die einzelnen Teile sind gesondert auf den graublauen Grundstoff aufgenäht worden

Die vorliegende Decke ist offenbar aus der mola entwickelt worden und zeigt verschiedene Tiere des Meeres, die ein anthropomorphes Wesen umkreisen. Als Inschrift der in dunklem Rot eingefaßten Decke ist zu lesen ,,San Blas y Indian best".

FARBTAFELN

F 1

F 2

F 3

F 4

F 5

F 6

F. 7

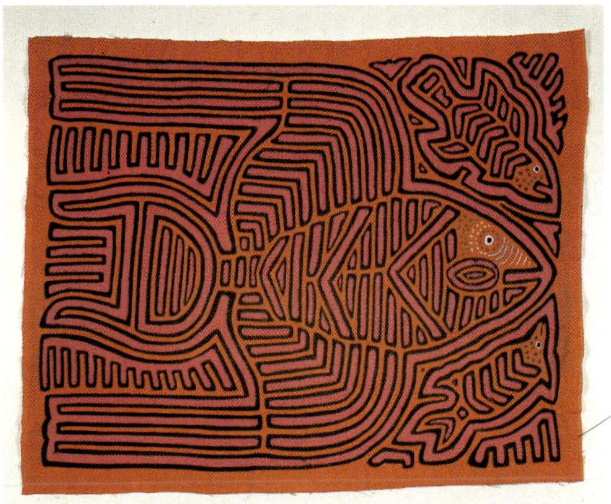

F 8

F 9

F 10

F 11

F 12

F 13

F 14

F 15

F 16

F 17

F 18

F 19

F 20

F 21

F 22

F 23

F 24

F 25

F 26

F 27

F 28

F 29

F 30

F 31

F 32

F 33

F 34

F 35

F 36

F 37

F 38

F 39

F 40

F 41

F 42

ESPEJO

MIR

F 44

F 45

F 46

F 47

F 48

F 49

F 50

F 51

F 52

F 53

F 54

F 55

F 56

F 57

F 58

F 59

F 60

F 61

F 62

F 63

F 64

F 65

F 66

F 67

F 68

F 69

F 70

F 71

F 72

F 73

F 74

F 75

F 76 F 77

F 78

F 79

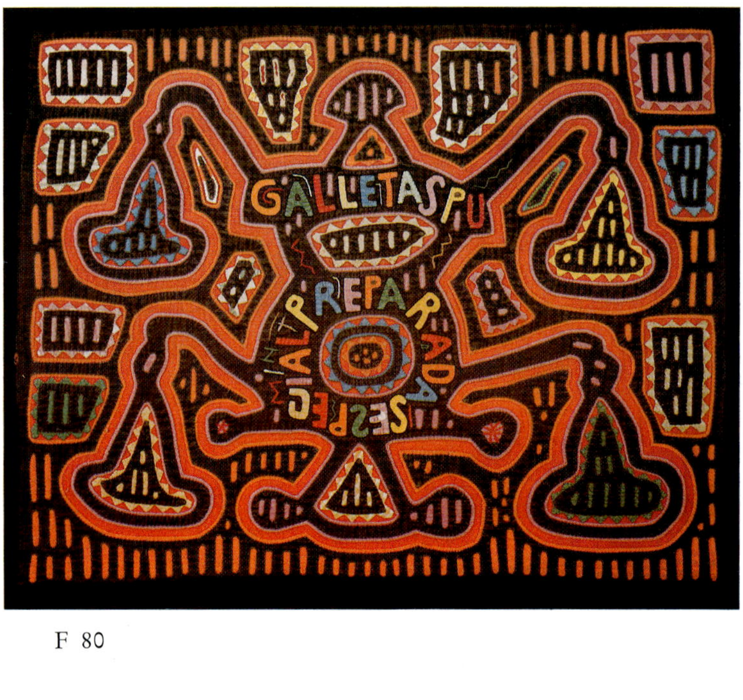

F 80

F 81

F 82

F 83

F 84

F 85

F 86

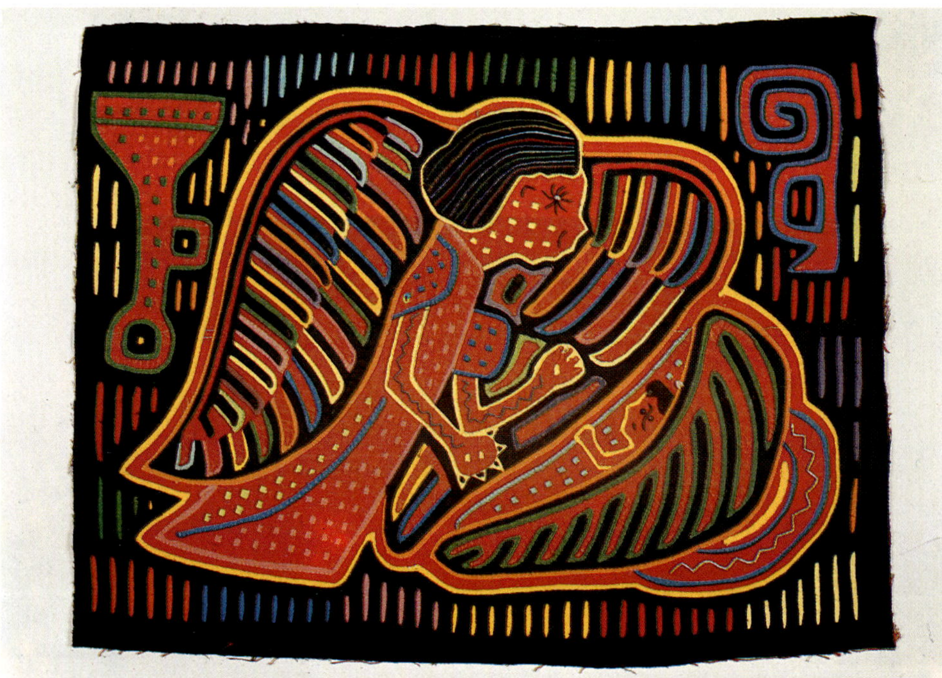

F 87

F 88

F 89

F 90

F 91

F 92

F 93

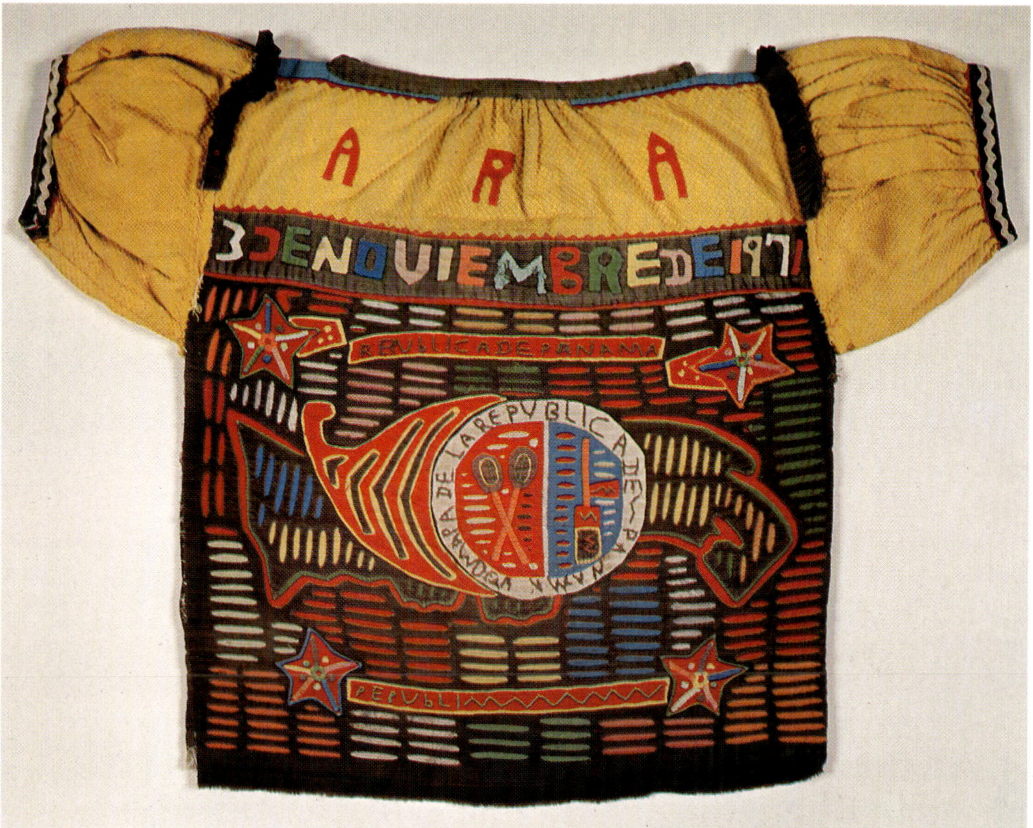

F 94

F 95

F 96

F 97

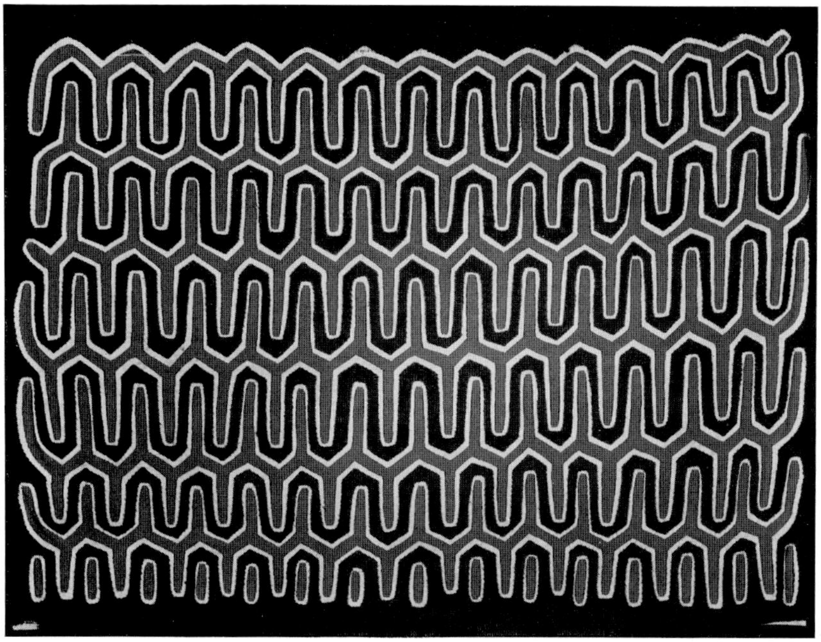
1

2

3

4

5

6

7

8

9

10

11

12

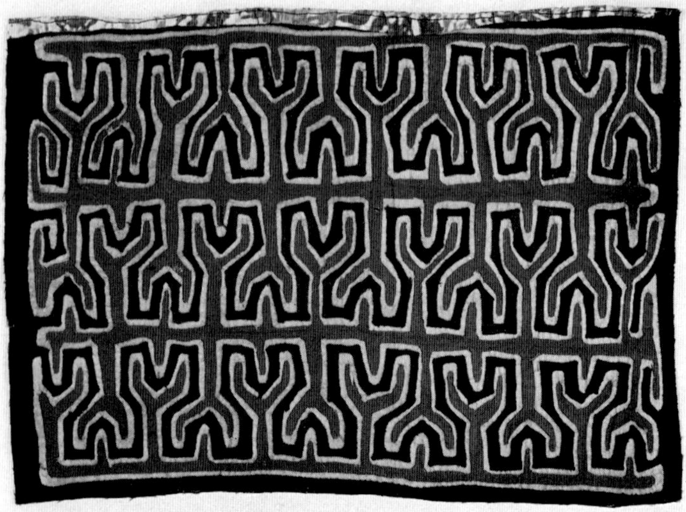

13

14

15

16

17

18

19

20

21

22

23

24

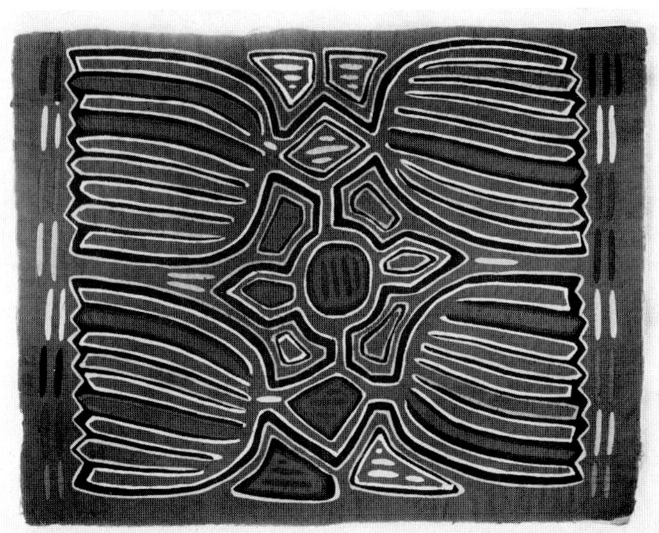

25

26

27

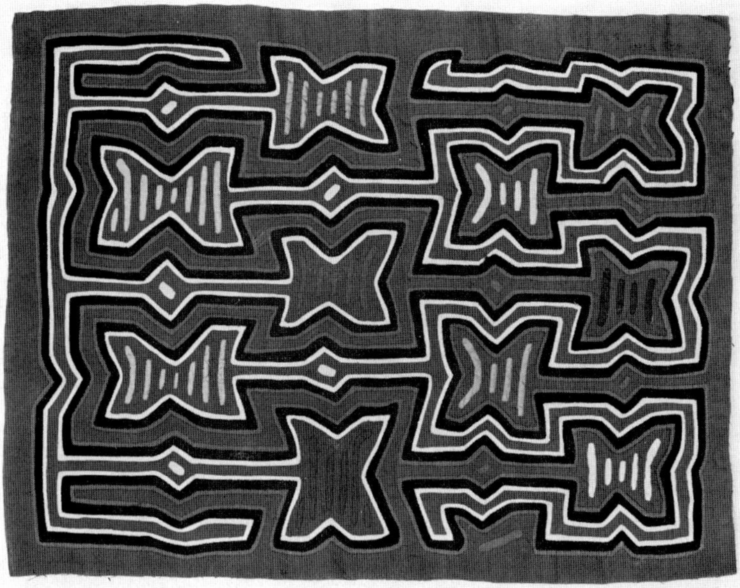

28

29

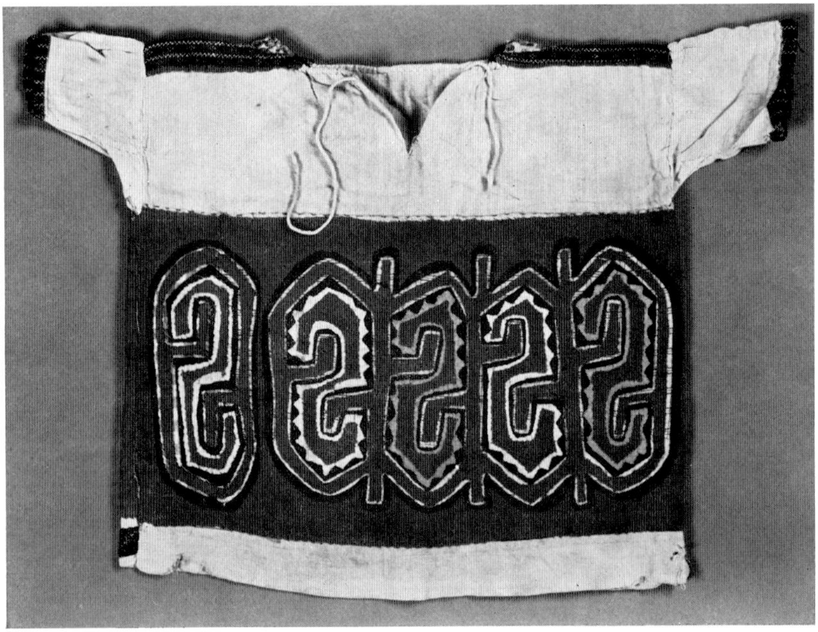

30

31

32

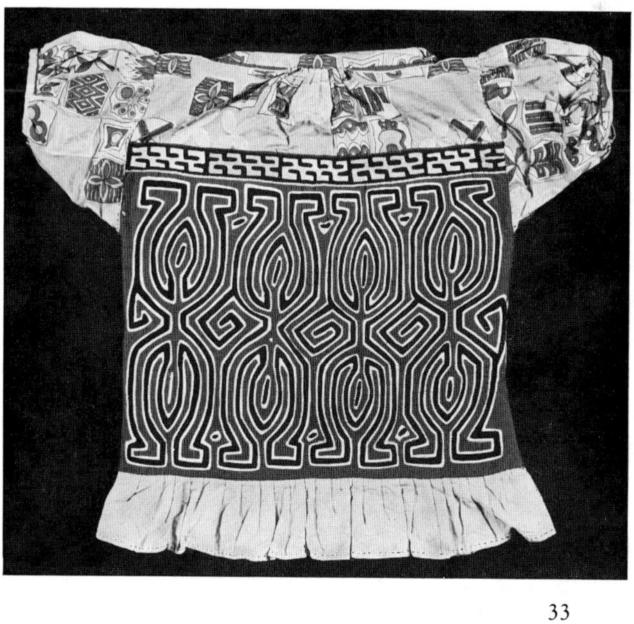

33

34

35

36

37

38

39

40

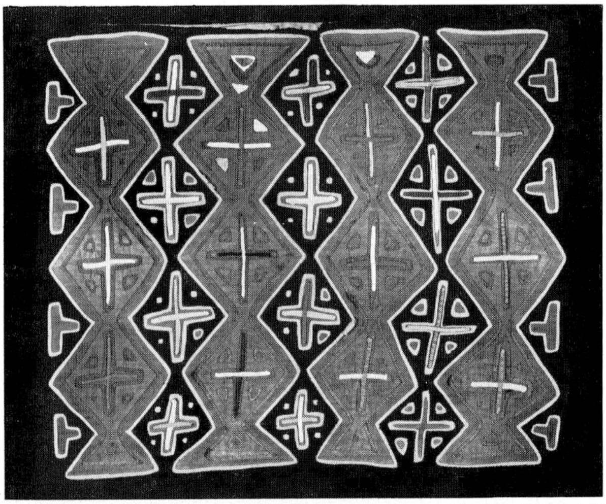

41

42

43

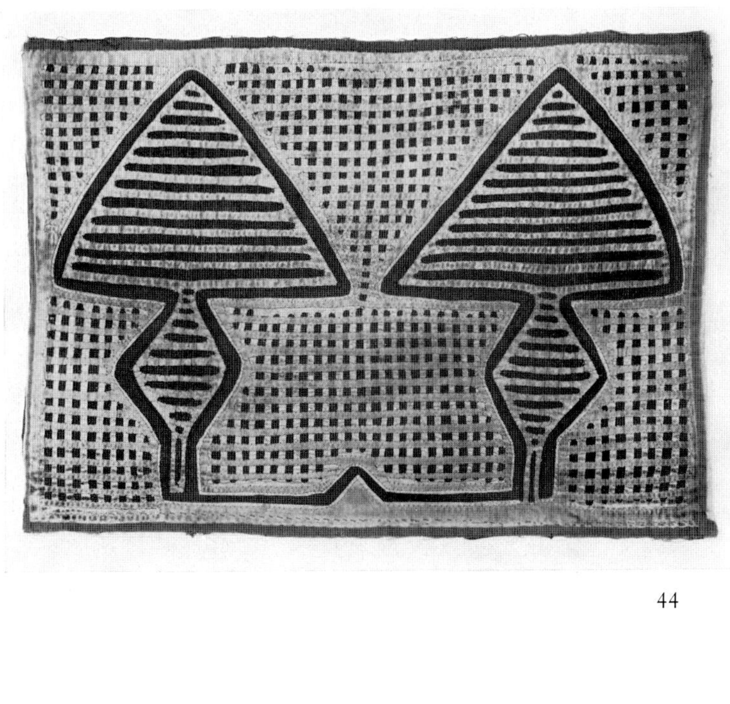

44

45

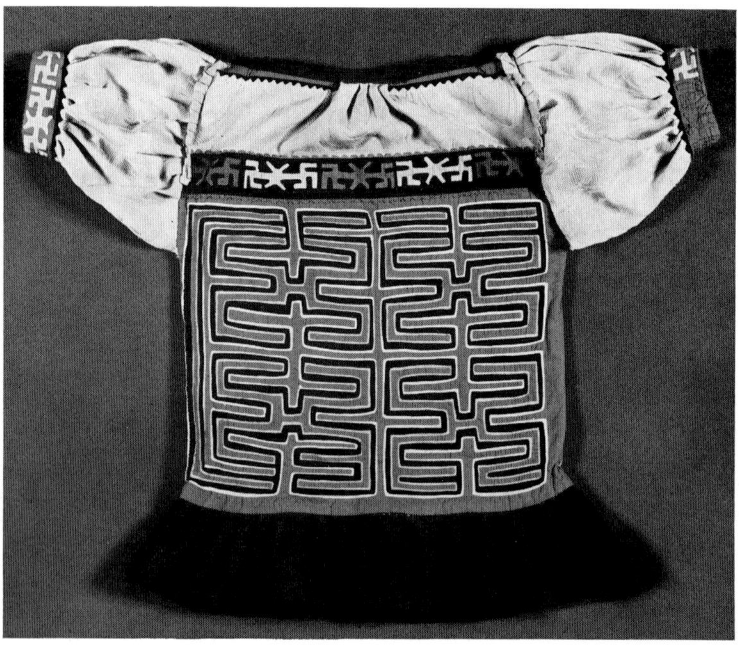

46

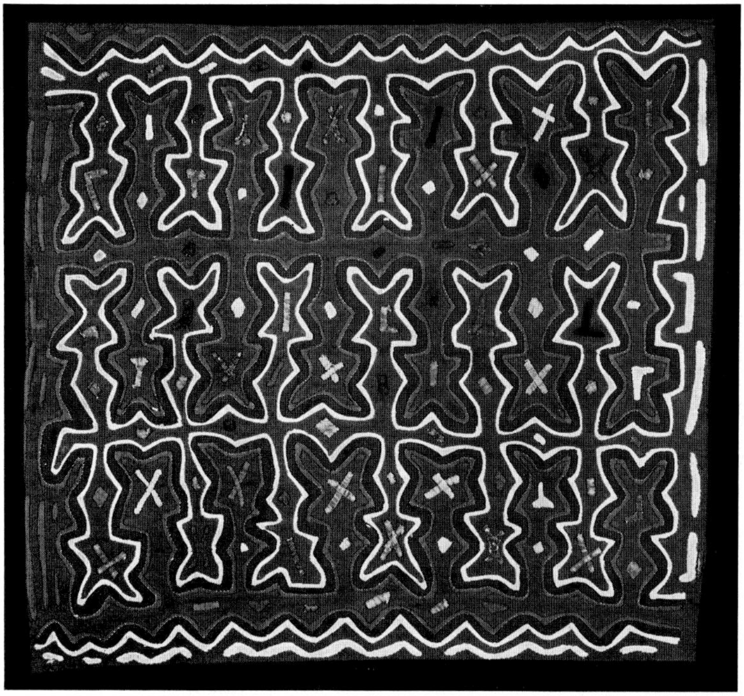

47

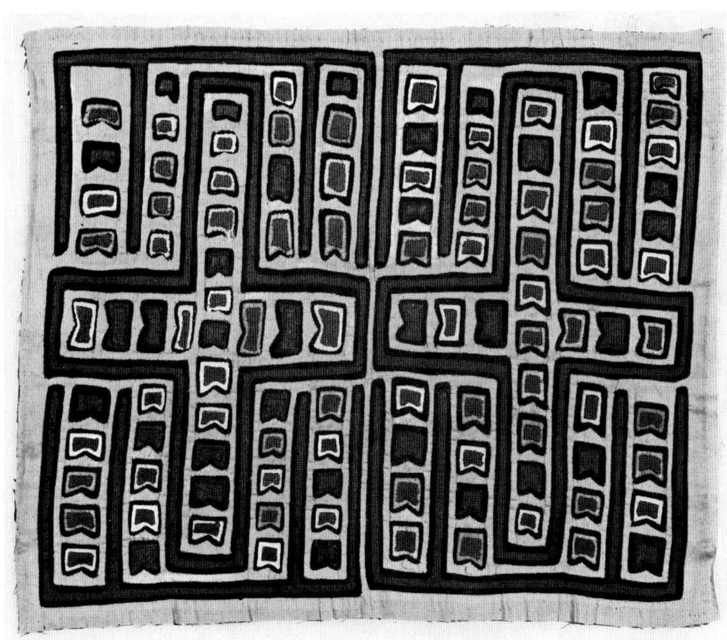

48

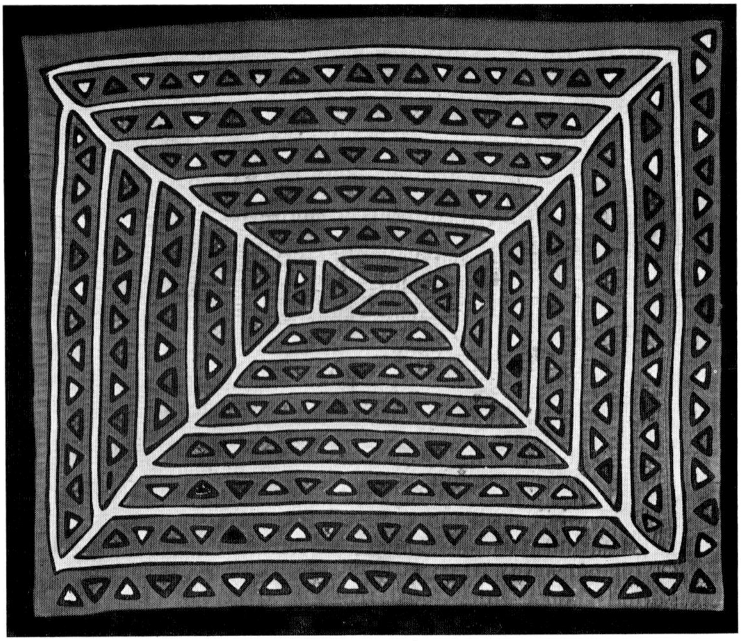

49

50

51

52

53

54

55

56

57

58

59

60

61

62

63

64

65

66

67

68

69

70

71

72

73

74

75

76

77

78

79

80

81

82

83

84

85

86

87

88

89

90

91

92

93

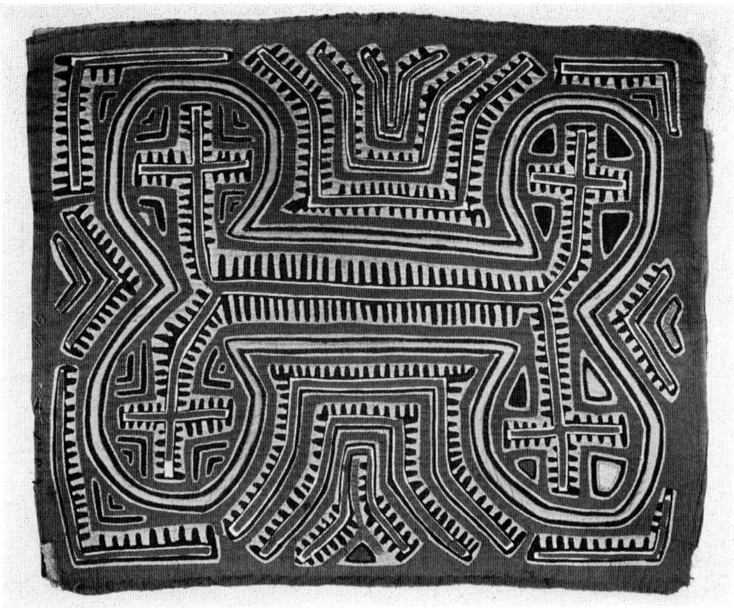

94

95

96

97

98

99

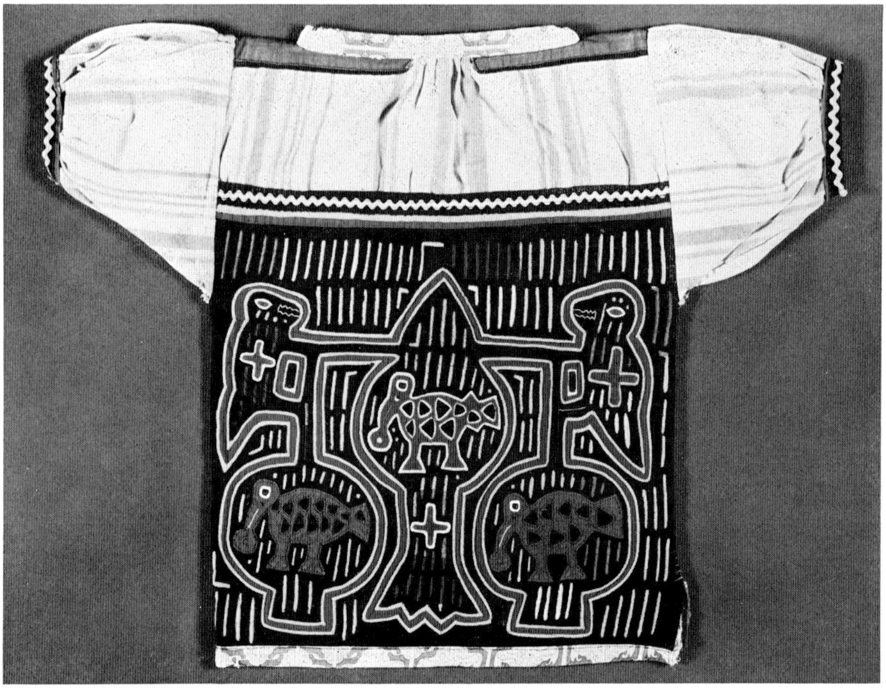

101

102

103

104

105

106

107

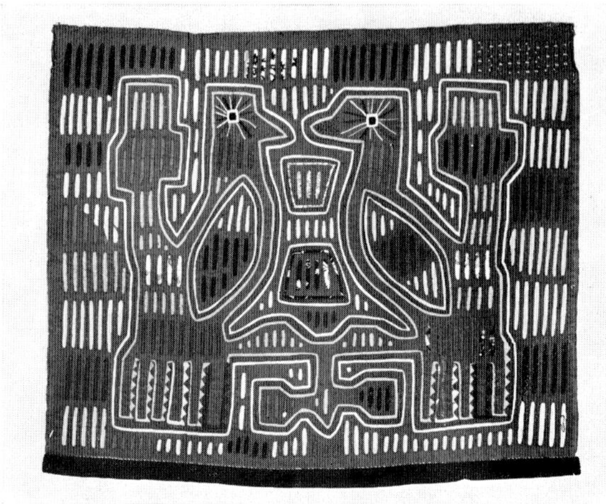

108

109

110

111

112

113

114

115

116

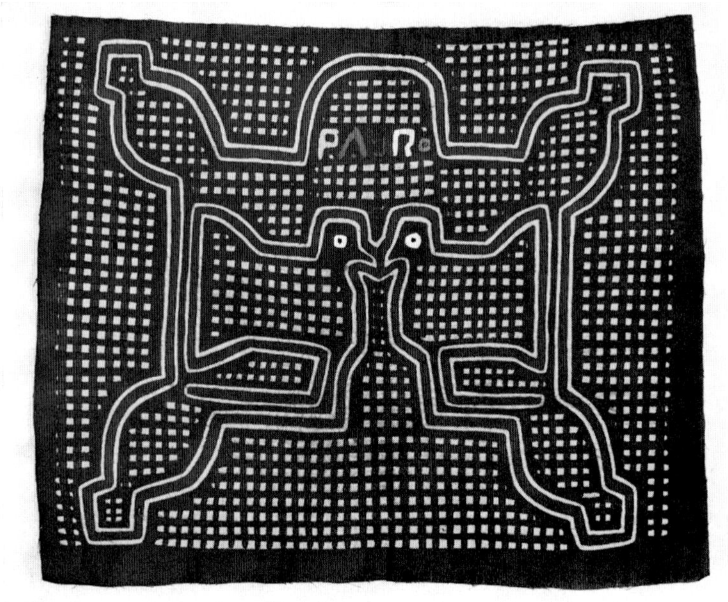

117

118

119

120

121

122

123

124

125

126

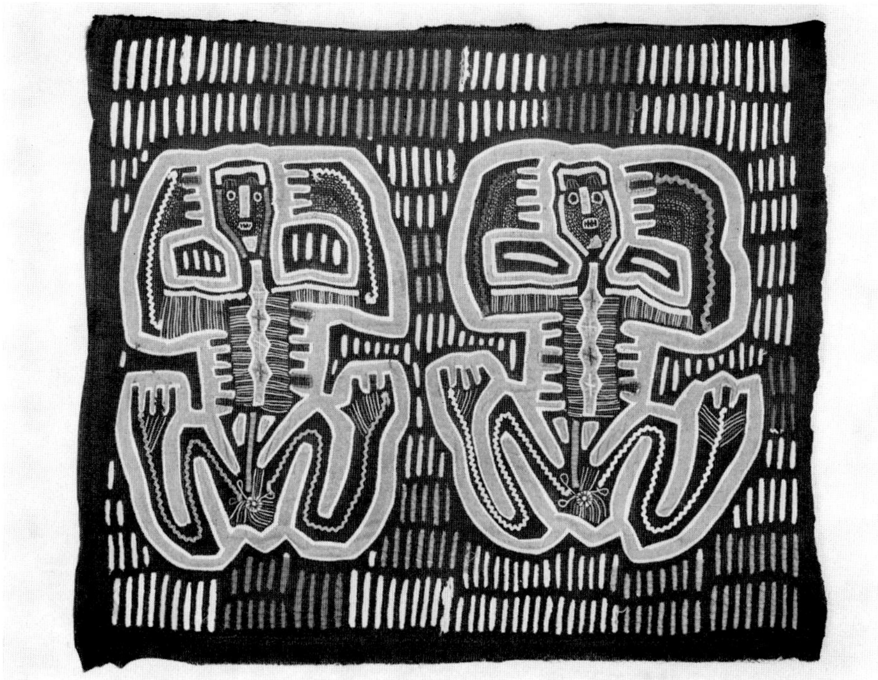

127

128

129

130

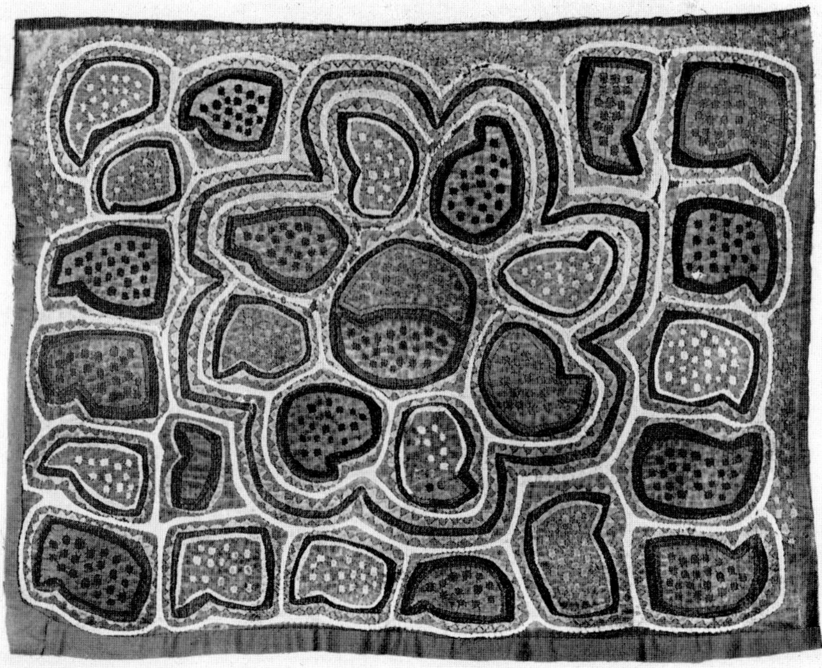

131

132

133

134

135

136

137

138

139

140

141

142

144

145

146

147

148

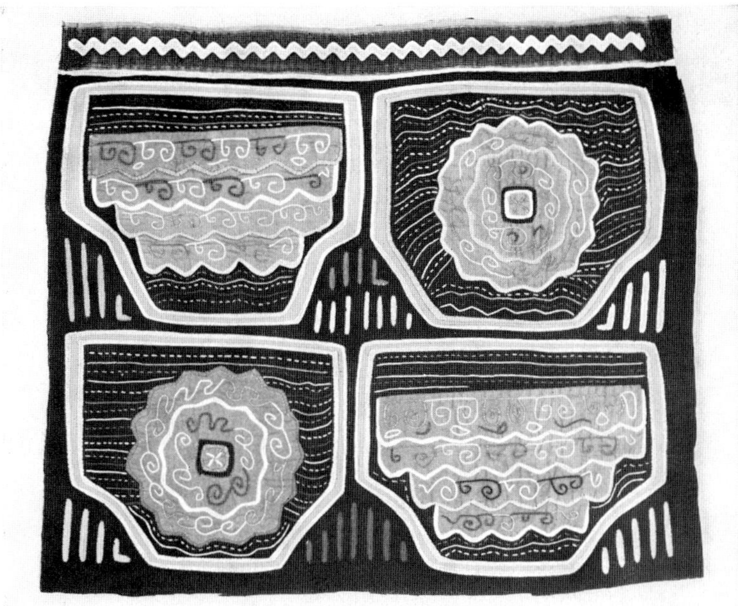

149

150

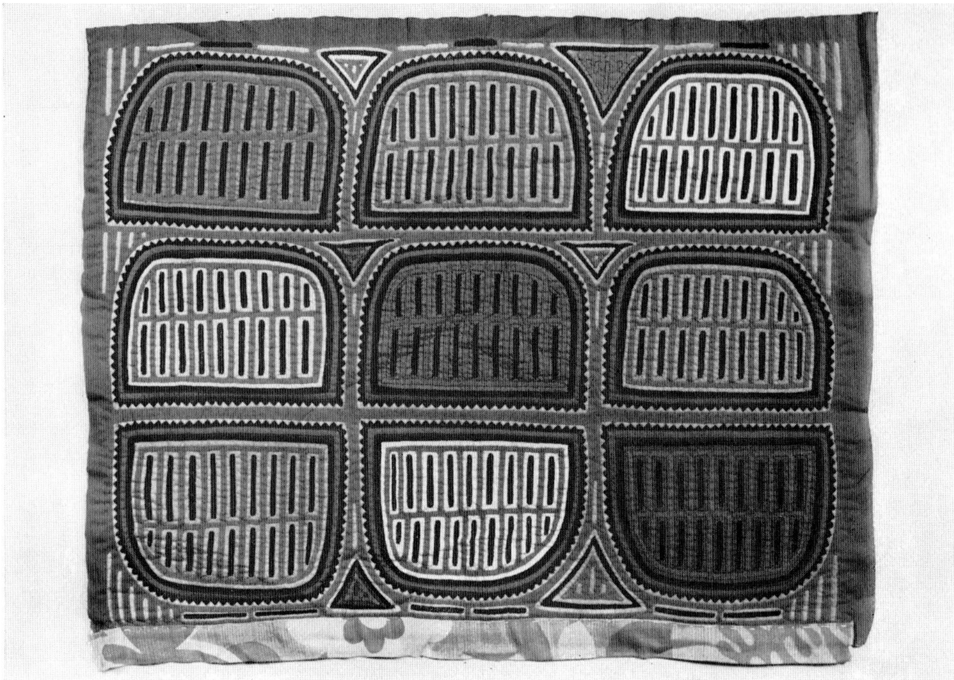

151

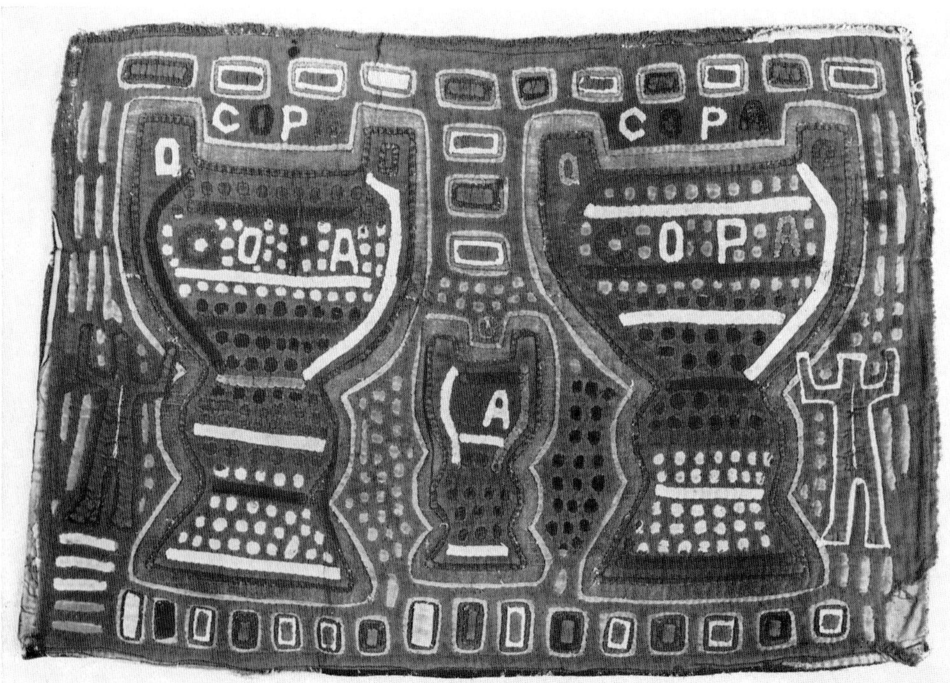

152

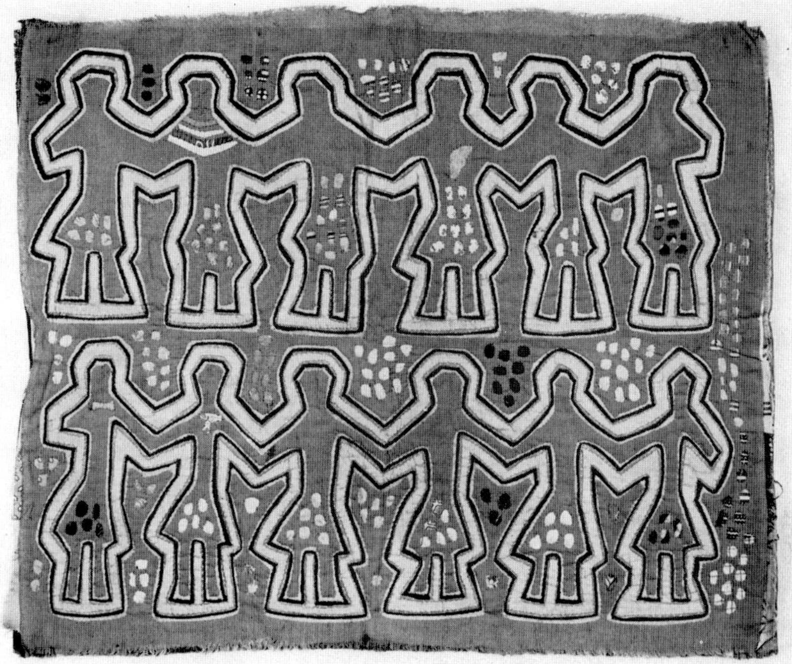

155

156

157

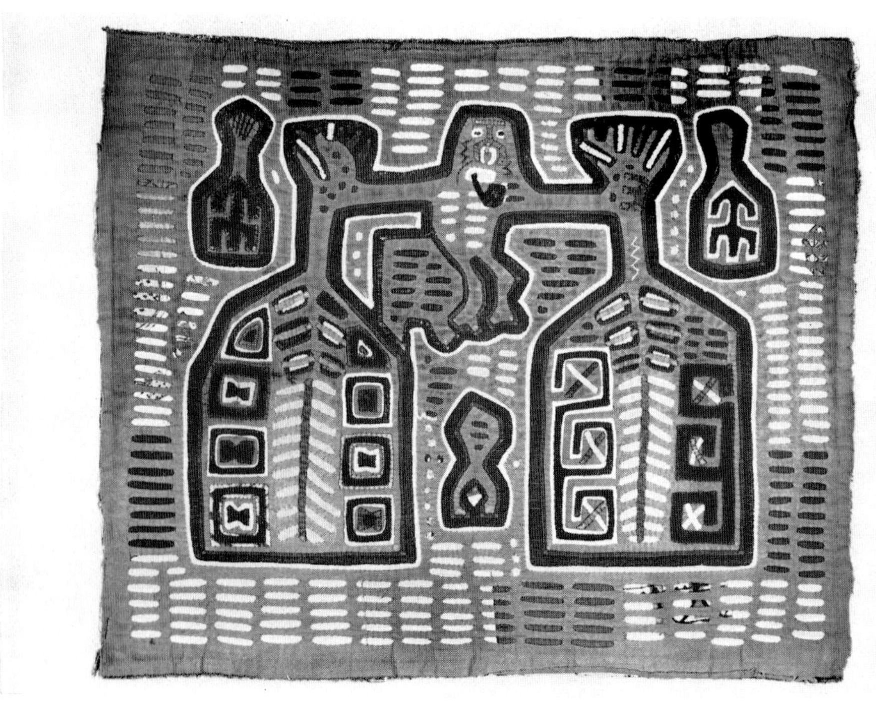

158

159

160

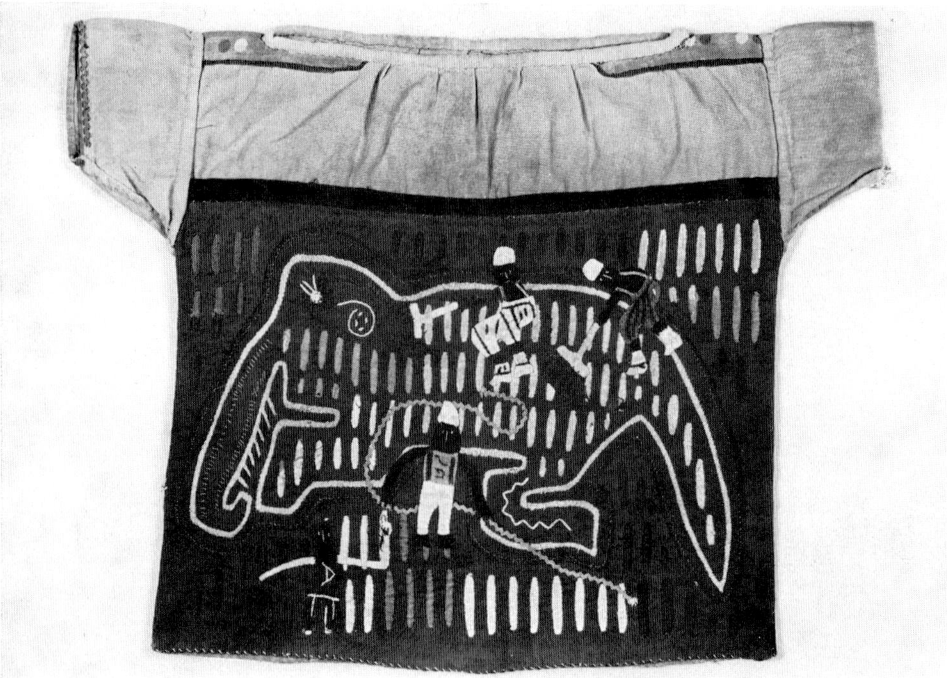

161

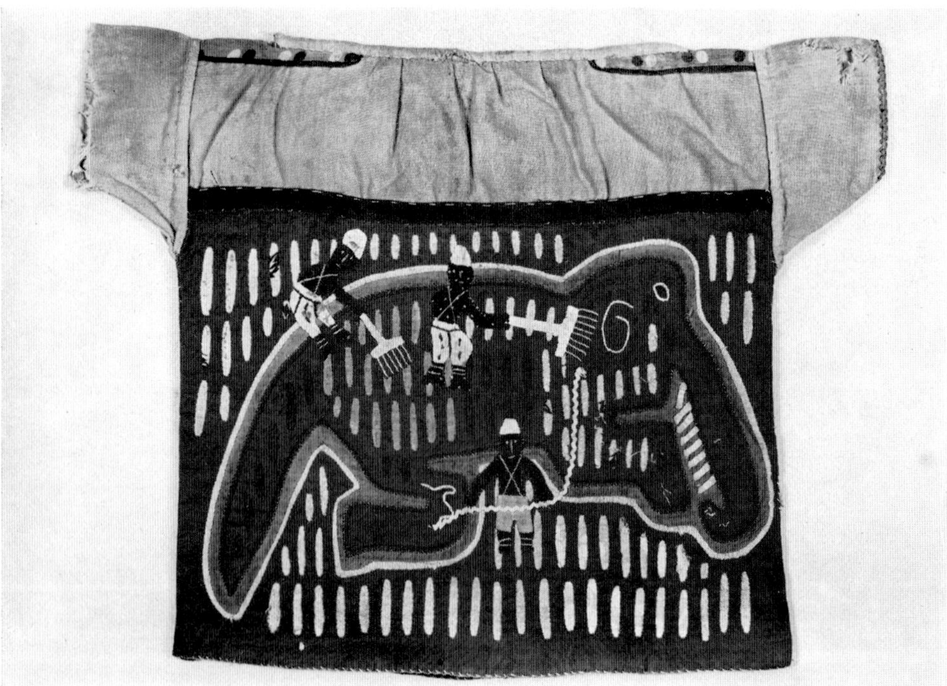

162

164

165

166

167

168

169

170

171

172

173

175

176

177

178

179

180

182

183

184

185

186

187

188

189

190

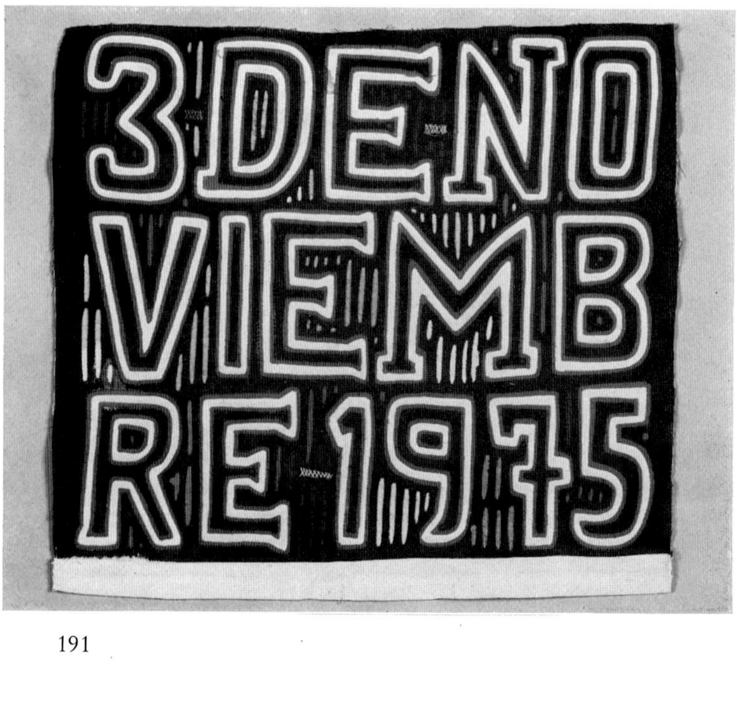

191

192

193

HTCRADYTRAVERSC
NEWYORKD

195

196

197

198

199

200

201

202

203

204

205

206

207

208

210

211

212

213

214

215

216

217

218

219

220

221

222

PARTIDO
ACAMPANA

225

226

227

228

229

230

231